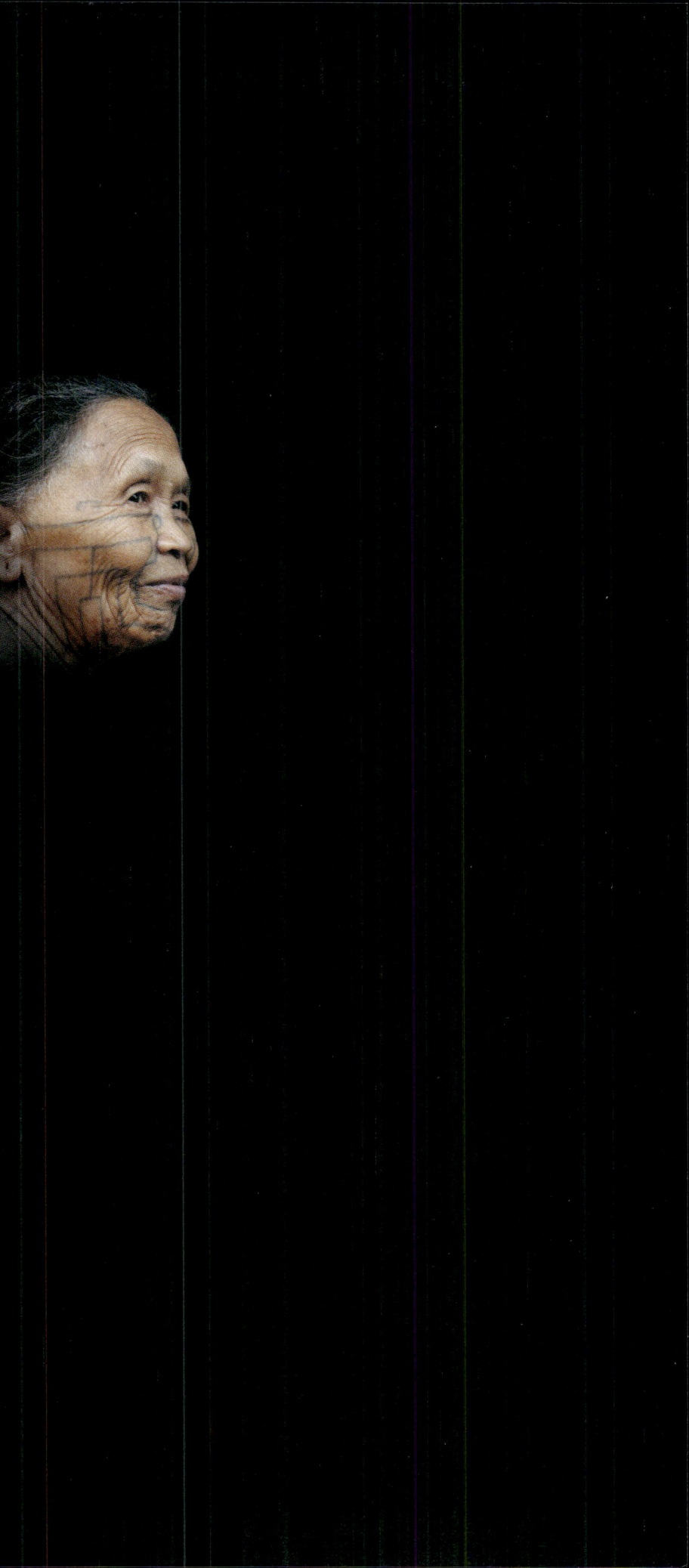

谨以此书

奉献给躬耕于海角天涯绚丽土地上的黎族同胞

在中国大陆的最南端烟波浩渺的南海碧波之上，镶嵌着一颗璀璨的明珠，她就是中国第二大宝岛——山清水秀、风光绮丽的海南岛。这里纬度较低，光热充足，雨量充沛，是我国热带资源最丰富的地区。高大的椰子树、温暖的阳光、洁白的沙滩、醉人的海风，海南岛的美景令人流连忘返。在这个美丽的海岛上世代居住着一个神秘的民族——黎族，他们有自己独特的民族风情……

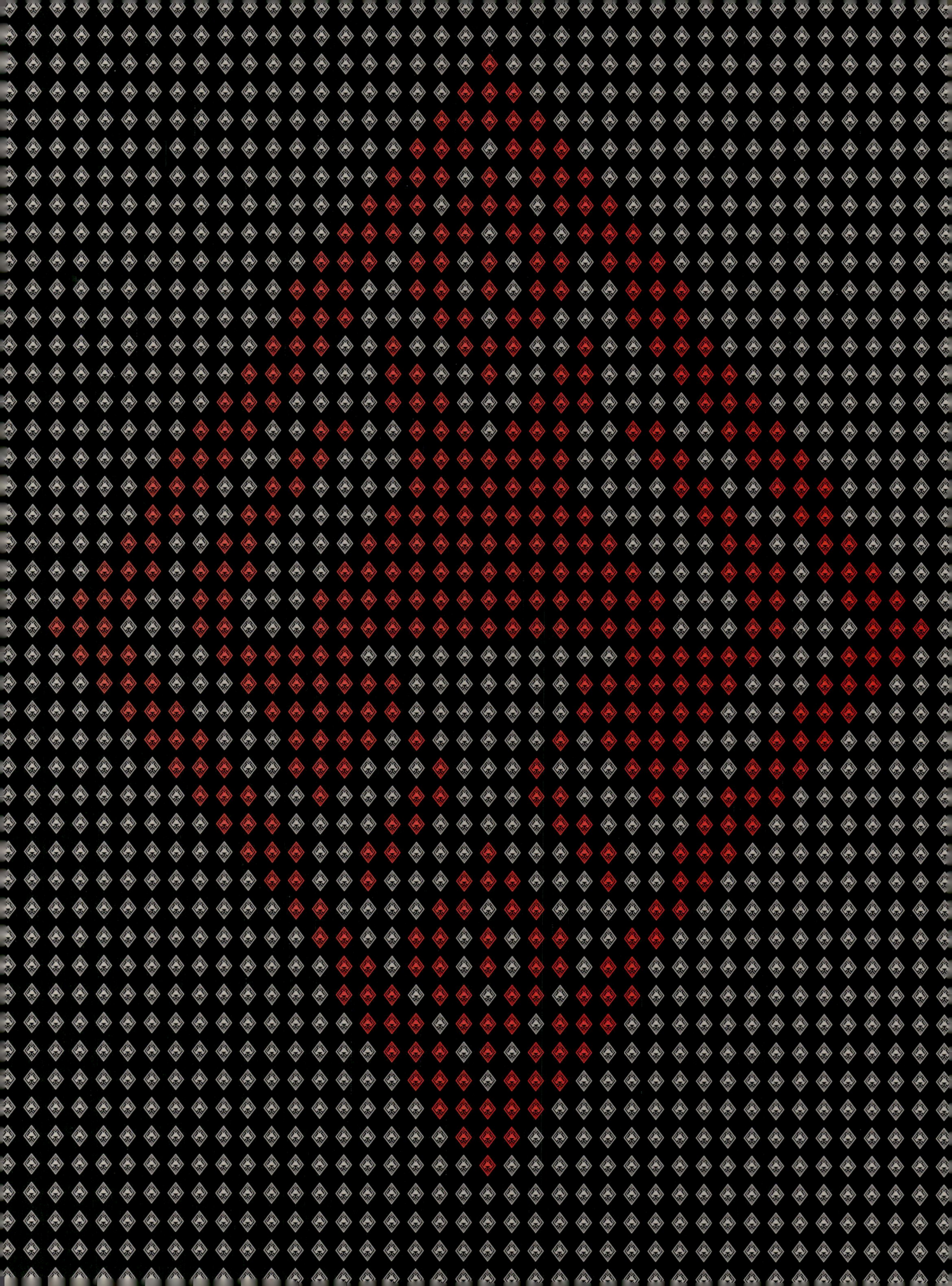

黎族研究大系丛书

主编：孙绍先

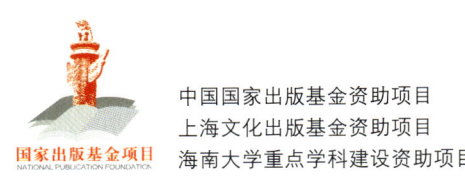

中国国家出版基金资助项目
上海文化出版基金资助项目
海南大学重点学科建设资助项目

绣面与雕身

黎族文身文化研究

张 杰 张昌赋 著

上海大学出版社

黎族研究大系丛书编委会名单

编委会主任

胡新文

编委会副主任

姚铁军（满族）　孙绍先　黄嘉琪（黎族）

编委会成员
（按姓氏音序排列）

安华涛	陈超核	房殿生	符美霞	高泽强（黎族）
郭纯生	韩立收	黄嘉琪（黎族）	胡新文	焦贵平
焦勇勤	刘复生	李勇群（黎族）	孙海兰	孙绍先
唐玲玲	唐启翠	王公法	文丽敏	肖　霞　阳　尕
姚铁军（满族）	张昌赋	张　杰	周伟民	

文身是黎族女子人生中的大事，充满庄重神秘的色彩。

黎族文身习俗，历代记录均及于妇女的文身。黎族妇女文身的部位通常为：

（一）刺于面颊两侧的颊纹；
（二）刺于颈部两侧的颈纹；
（三）刺于胸部的胸纹；
（四）刺于手上的手纹；
（五）刺于腿上的腿纹；
（六）刺于背部的背纹；

黎族分五个方言系，即润方言、哈方言、杞方言、美孚方言、赛方言。其中赛方言的文身已经灭绝……

随着黎族与其他民族的不断融合交流，黎族特有的这种妇女文身如今已经很少看到了。现在年轻的黎族女孩已经不再文身，只有在深山中的部分黎族村落里一些50岁以上的老人身上还能看到这种原创性文化现象。

目前这些老人只剩下2 000多人，再过十几年的时间，这种特有的文身文化就会永远消失了。文身手艺也正在失传，我们将只能在历史中去回味了……

——编者按

张杰

共青团十六届中央委员
海南省青年联合会委员
海南日报摄影记者
海南省摄影家协会会员

张昌赋

海南省青年联合会委员
海南省美协学术委员
海南省青年美协秘书长

2003年毕业于河北大学新闻学专业，就职于海南日报社，专职从事新闻摄影工作。曾受报社特派报道2008年北京奥运会；多次受邀远赴南非、英国等国家，分别担任第58届、第60届、第61届世界小姐总决赛唯一官方摄影师。2009年随同温家宝总理出访朝鲜，多次参与省内外重大新闻事件的采访报道。个人摄影作品曾在中国国际新闻摄影比赛、中国新闻奖摄影作品复评暨全国新闻摄影作品年赛、全国省市区党报新闻奖、人民摄影大奖赛等国际国内专业摄影比赛中多次获奖；曾连续两届荣获海南新闻奖一等奖，多次获得海南新闻奖二等奖、三等奖等；在国家级核心期刊发表专业论文数篇。在多年的采访工作中，不断接触到海南黎族文化并产生浓厚兴趣，自2008年开始，坚持对黎族文身文化进行田野调查及专题摄影报道。

海南大学美术教育本科毕业，现供职于海口市教育研究培训院，高级讲师；从事教育研究和教师培训工作；参加国家、省级教育技术、网络教研、信息技术与学科整合等科研立项多项；主持省、市级校容校貌、文明生态村或历史文化名村规划设计达300余项，封面设计、插图有《张岳崧诗文集》、《张岳崧传》等10余本；绘画创作作品2幅入选第三届中国油画展及北京奥运会专题展，10多幅美术作品获省级展览金、银、铜奖或学术奖并发表于专业书刊。近几年，在周伟民、唐玲玲两位教授的指导下，参加了全国历史文化名村规划建设工作，加深对海南历史文化特别是黎族文化研究和理解，参与黎族文身课题图谱绘制和现场音像摄制工作。

黎族研究：
一座有待开启的民族文化宝库

——《黎族研究大系》总序

约在3 000年前的商周之际，黎族先民就已定居海南岛，明清时，黎族已分布于海南全岛。目前，黎族人口125万多，在中国56个民族中黎族人口总量居第18位。在海南这方热土上，黎族人民生息繁衍，经历了长久的历史积淀和发展，逐步形成了自己璀璨而又独特的民族文化。

海南黎族在人类的历史上留下的这些文化遗产令人惊叹！它已经成为并将进一步成为考察海南民族史丰富而又重要的史料资源。

一直到清代，海南都是我们国家纺织工艺最先进的地区之一。其中黎族妇女织就的"广幅布"、"龙被"、"黎单"，曾长期是朝廷征调的贡品。流传甚广并收入小学课本的黄道婆向黎族人民学习纺织技术的故事，并非没有来历。今天，黎族织锦已经进入世界非物质文化遗产保护名录。

黎族妇女文身的复杂图案与喻义至今未得到充分的研究和解说，而海南还有2 000多位文身妇女健在，这足以令世界的人类学家震惊；他们只有在传教士的素描和极其稀少的早期影像中，才能依稀看到其他民族的文身图案。更引人瞩目的是，我们从文身习俗的历史记载、文身的原初意义以及文身的图案艺术等方面，发现了琼、台两地先住民族源的相似性。琼、台先住民的文身、文面，其实都起源于骆越民族。从琼、台先住民文身、文面特点比较中，可以看到中国台湾岛、海南岛两大岛屿先住民的族群是同源异流关系（此前语言学家也从语音、词汇的历史比较中认为海南黎族与台湾高山族同根同源）。2003年，在琼、台两岛少数民族的一个座谈会上，台湾泰雅族民意代表（台湾"立法委员"）林春德说："我寻遍大江南北，不意今天知道黎族文身有这么深刻而广泛的影响，我们泰雅族和黎族在文身这一点上表明我们是同一个祖宗！"此后促成了琼、台两岛少数民族多年的"三月三"大聚会。

黎族文化研究的现状与黎族在祖国大家庭中的历史地位很不相称。当藏学、蒙学、满学等已经成为世界级显学的时候，"黎学"还处在刚刚起步的阶段，有太多的文化谜团等待破解，有太多的历史缺失亟待还原。在她的身边到处都是有待开掘的文化宝藏。

从学术角度对黎族民族文化的考察，始于19世纪末20世纪初，并在20世纪初形成高潮。在这期间有些学者做过一些调研，出版过数种著作，如法国人萨维纳及德国人史图博等，中国学者如刘咸、岑家梧、李俊新等。标志性的研究成果是德国人类学家史图博1931年至1932年两次到海南黎区做田野调查，并于1937年出版了德文著作《海南岛民族志》。此外，还有日本占领海南期间，日本教授冈田谦和尾高邦雄调查并撰写的《黎族三峒调查》，助理教授小叶田淳编写的《海南岛史》等著作。其后，国际汉学界和人类学界对黎族文化的研究，因各种原因基本陷入停滞状态。

新中国成立后，国内的少数民族研究机构，特别是广东省的一些民族研究学者，对海南黎族曾进行过规模比较大的综合考察。在此类考察中，比较重要的有两次：一是中南民族学院调研组，在1954年7月至1955年1月间对海南22个黎族村点的调查，其调研论文结集为《海南黎族社会调查》（广西民族出版社1992年出版）；二是中国少数民族社会历史调查广东省课题组民族研究学者于1956年11月至1957年2月对海南黎族村落的调查，其成果结集为《黎族社会历史调查》（民族出版社1986年出版）。这两部著作对新中国的黎族研究起了奠基石的作用，是其后黎族研究绕不开的阶梯。但也应该看到，限于当时历史条件和学术视野，这些论著或调查报告存有一定的局限性。

海南建省办经济特区后，原广东省的一些黎族研究学者陆续转向对其他民族的研究。中央的一些民族研究机构（如社会科学院下属民族研究所、中央民族大学），虽然也有黎学研究人员和课题，但大都处于个别和个案的研究状态，科研成果稀少，难以对黎族文化进行大规模和深入系统的研究考察工作。进入21世纪，黎族研究进入第二个繁荣期，研究项目和成果在数量上有了较大的增长，大量有关海南的英、日文资料也开始进入学者的研究视野。但出版的成果仍然存在质量参差不齐的现象，相当多的著述还停留在概括和宣传介绍层面。在全国民族研究的大格局当中，黎族研究一直缺乏系统、权威和标志性成果。

随着现代化浪潮由城市推向乡村，黎族的生存方式正在发生深刻的变化，许多传统生活方式和传统习俗正在加速从现实生活中退出。从保存祖国少数民族文化多样性的角度说，对黎族传统文化的抢救与挖掘整理已经到了刻不容缓的时候。1956年至1957年，广东黎族考察组在毛道乡调查时发现："纺织和制陶是女子的事情，凡14岁以上的女子，都能纺织花纹比较简单的桶，有15个中年以上的妇女会制陶器。"在2003年对黎族地区的考察中，我们了解到只有10%左右的妇女还懂得一些传统的手工纺织工艺，真正精通纺织技术的人更少，而民族制陶工艺已基本失传。

现代化的浪潮正在迅速改变黎区的面貌。五指山深处的水满乡——海南省最偏远贫困的乡镇之一，也在1986年开始接入电视信号，1997年初开通了长途直拨电话，2000年初中国移动电话开通，这个昔日封闭的山乡正在迅速与外面的世界连在一起。黎族传承了上千年的民族文化以及生产、生活方式正面临着严峻考验。其中很多物质民俗和文化民俗的遗产，如不加以抢救性挖掘与整理，必将永久消亡。比如，大量未记录的原生态的歌谣和音乐，各种传统节庆与宗教礼仪，抗风防震的"船形屋"，色彩绚烂的黎锦等等，都面临着永远消失的危险。这对中国民族文化多样性传承是不可弥补的损失。现在还有文身的黎族妇女，大都在50岁以上，民间歌手、巫师、"鬼公"、织锦艺人等黎族传统文化的传承者已均处高龄，不断有人辞世。

60年前，黎族的典型建筑"船形屋"基本消失。

50年前，黎族妇女不再文身。

40年前，黎族的制陶工艺失传，黎族的传统生产工具消失。

30年前，黎锦的印染工艺失传，黎族服饰退出生活领域。

20年前，黎族传统的生活用具消失。

正在消失的还有：黎族古歌，特别是记录黎族口传史的"祖先歌"，黎族的踞腰织机，黎族的传统音乐和乐器，黎族的传统纹饰等等。

抢救保存黎族文化遗产，这不仅是在保留一个民族的历史记忆，更重要的是开掘一个民族的精神家园。这项艰巨而重大的工程早一天启动，就会多一分民族文化研究的成果。

黎族的主要聚居地是海南岛，中国的黎族研究在少数民族研究大背景中，也处在薄弱环节。对黎族的综合考察研究对中国乃至世界的文化人类学、民族识别学等方面具有极高的理论价值，在学术史上更是具有填补当代民族学研究空白的意义。中国学术研究缺失少数民族研究是不完整的，中国少数民族研究缺乏黎族研究是有缺陷的。黎族研究成为中国少数民族研究短板的状况再也不能继续下去了。

借助海南大学进行重点学科建设的契机，我们组织了一批专家学者，从各个角度对黎族传统文化进行了深入的研究,专家学者们为此专门深入黎区进行田野考察,此次编辑出版的《黎族研究大系》就是他们研究成果的一部分。我们希望这套丛书能够继续出版下去,大体形成系统的黎族传统文化研究框架。

民族文化可分为物态文化、制度文化、符号文化和观念文化四个层面,第一种属于物质文化,后三种基本属于精神文化的范畴。《黎族研究大系》出版的第一批书目有属于物质文化的范畴,也有属于精神文化的范畴,主要集中在前人较少涉猎的研究领域。

1. 《绣面与雕身:黎族文身文化研究》 黎族的文身,作为一种传统文化,是黎族母系氏族社会的产物,是原始宗教自然崇拜、祖先崇拜、图腾崇拜的艺术结晶,是黎族历史上的凝聚力、号召力、生命力的标志。今天,黎族老年妇女身上还保留着文身的历史印痕。这些用血肉彩绘的斑斓图画,其文化价值、艺术价值无与伦比。本书作者前后三年深入黎族地区,走访拍摄了黎族五大方言区中仍有文身的润黎、美孚黎、哈黎及杞黎老人的照片及其文身纹素图案,并论证了不同方言文身纹素的代表纹理及所蕴含的特殊意义。

2. 《符号与记忆:黎族织锦文化研究》 本书系统整理研究国内外黎锦纹样现有成果,并实地走访了海南省黎族五大方言23个村寨,在此基础上系统甄别挑选出最具代表性的黎族传统筒裙163条,绘制完成539种形态各异的纹样,完整涵盖了动物纹样、人物纹样、植物纹样、字符纹样、复合纹样、几何纹样等诸多种类,并运用民族学、历史学、考古学、艺术学及文化阐释和符号学理论,从黎锦蛙纹、人形纹等纹样入手,全面分析了黎锦纹样所内蕴的生殖崇拜、祖先崇拜等符号意义与社会文化内涵。

3. 《"治黎"与"黎治":黎族政治文化研究》 黎族、汉族关系是历代治理海南岛必然会面临的中心问题之一。本书从政治文化研究视角探讨从西汉至清朝历代王朝治理海南岛之政策与措施,以及这些政策与措施的成功与失误、经验与教训以及黎族人民对此的接纳与反抗,以期以史为鉴,为今人提供一种历史的眼光。

4. 《"查禁"与"除禁":黎族"禁"习惯法研究》 "禁"习惯法在黎族传统社会生活中占有不可缺失的重要地位。本书基于实证调查,从法人类学的角度研究了"禁"习惯法在黎族社会中产生、发展、兴盛以及衰落、消亡的全过程，书中运用了"娘母"、"道公"、"禁公"、"禁母"、"无意禁人"、"有意禁人"、"查禁"、"除禁"、"禁包"、"披席"、"洗身"等等众多具有鲜明民族文化特色的概念，为我们生动地描述了一幅绚丽多彩的黎族传统生活的画卷。另外本书还细致地分析了黎族传统社会生活表象背后内、外多种矛盾的冲突与妥协，白巫术与黑巫术、巫术与医学、神圣权力与世俗权力、习惯法与国家法，为我们提供了一把理解神秘的黎族传统文化的钥匙。

总之这套《黎族研究大系》丛书既充分利用文献资料，又切实扎实地进行田野调查，而田野调查是民族学研究最重要的特点，也是黎学研究的重要方法。希望这套丛书能在前辈学者考察研究的基础上，可以为中国"黎学"的兴旺助一臂之力。

感谢《黎族研究大系》丛书分别被列为国家出版基金资助项目和上海文化基金资助项目，感谢海南大学予以本丛书海南省重点学科建设资金支持，感谢各位专家学者艰辛而又富于创造性的研究工作。周伟民、唐玲玲教授是新时期海南黎族研究的开拓者，此次入选的"黎族文身"研究是这对夫妻教授多年黎族考察研究心血的结晶，也是该课题领域目前资料最翔实、考据最充分的著作。感谢上海大学出版社领导和编辑对本套书倾注的极大热情和支持，姚铁军先生、焦贵平女士认真专业、细致的工作，为本丛书编写和修改提出大量宝贵的意见。正是在他们的积极策划和认真参与下，本丛书历经数载，反复打磨、修改，终成正果。感谢全国出版工作者协会装帧艺术委员会委员、获得各种美术装帧大奖的袁银昌同志为本书承担装帧设计。看着凝聚着大家心血、大气又雅致的《黎族研究大系》丛书，不能不有空谷足音之感。欣喜之余，略表衷心感谢。

是为序。

孙绍先
2011年6月30日于海口新埠岛

目 录

序言 海南岛黎族女性的文身习俗为什么能延续数千年 I

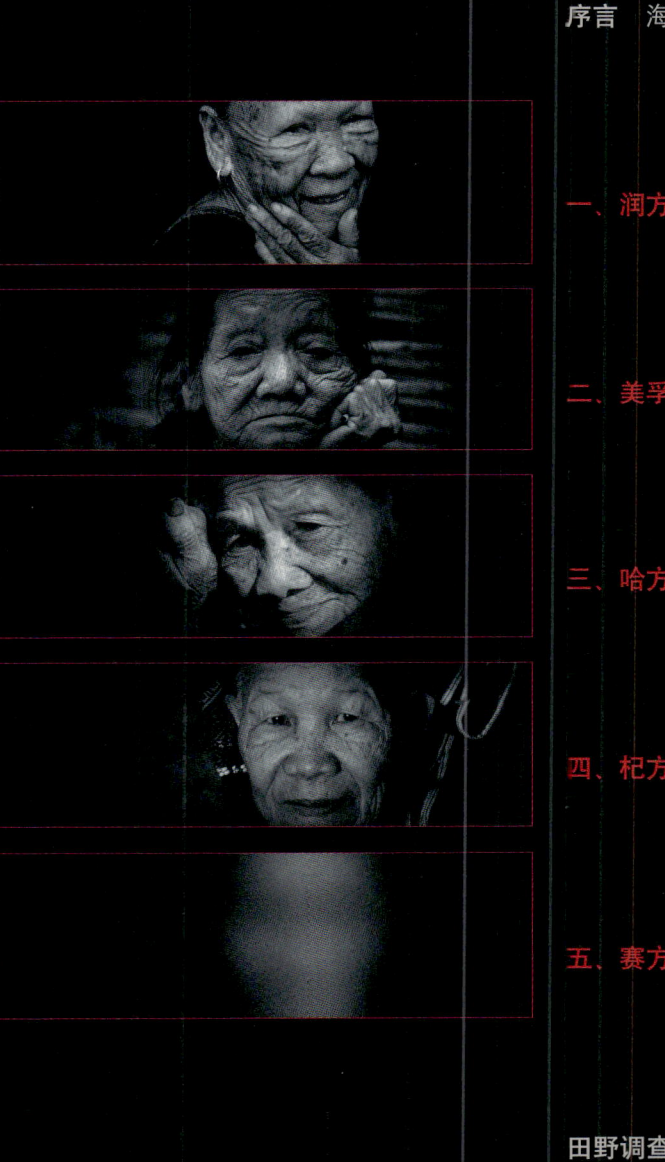

一、润方言区 1

二、美孚方言区 47

三、哈方言区 85

四、杞方言区 127

五、赛方言区 163

田野调查札记 167

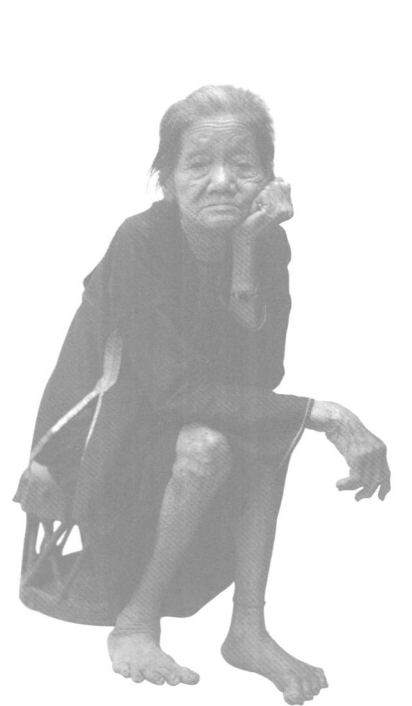

序 言

海南岛黎族女性的文身习俗为什么能延续数千年

周韦民　唐玲玲

在中国多民族的民族大家庭中，聚居在海南岛中西部的黎族是一个文化传统深厚的民族。黎族聚居地富饶美丽，十分迷人，这里淳朴的民风、深厚的人文传统令人神往！

黎族是海南岛的先住民。他们在这里居住了多长时间，这是无法回答的问题。据历史记载，有着三千多年的历史！据 2000 年全国第五次人口普查资料（直接登记数）全国黎族人口为 124.78 万人，其中海南省有 117.22 万人，分布在 3 个市和 6 个自治县：热带风光旅游城市三亚市、因为翡翠城而著称的五指山市、有悠久人文历史的东方市，另外，有位于海南岛中部黎母山麓的琼中黎族苗族自治县、在五指山南麓的保亭黎族苗族自治县、古时珠崖郡地的陵水黎族自治县、位于海南岛西南部的乐东黎族自治县、在昌化江边的昌江黎族自治县、处在黎母山脉西北麓的白沙黎族自治县。这 9 个市县，地处海南岛中西部的热带雨林中，黎族人民世代适应层峦叠嶂的高山环境，在荒山野地里闯荡求生。至今黎族大部份人民仍生活在坡度陡峻、地形崎岖、山峦环绕的村寨里。

黎族是一个聪颖、智慧的民族。要了解他们的历史和现状，就必须走向田野，因为这个民族没有自己的文字，他们有很好的记忆力，往往是通过口耳相传的记忆来传承生活经验的历史。他们留给后代的文化遗产非常丰富，今天，国家级非物质文化遗产项目中，海南省有相当多的项目出自黎区。如 2010 年中国获得三项急需保护项目，其中第一项就是黎族传统的纺、织、染、绣技艺。此外，黎族还有着丰富的精神文化，他们将人与自然的关系概括为一种全民族的基本信仰：山养我，我养山。他们从来不破坏自然，非常敬畏大自然。黎族的每个村都有自己的保护神，并设想保护神力量无比巨大，因此，他们敬畏大自然，适应大自然，与大自然和谐相处，不去征服大自然，或是与其斗争。黎族人与人之间也是和谐相处的。因为多数黎族人民生活在大山里面，在大自然的怀抱中，享受简单生活，日子过得悠闲自在。

黎族的"奥雅"常说，在他们的生活习俗中，有两种像汉族甲骨文一般的民族标志，一是织锦，一是文身。断发文身是几千年来有史书记载的黎族妇女的习俗，是黎族先民百越族的一种习俗。这一点，《史记》最先作述，后来的《隋书》卷八十二《南蛮传》说，古百越族"其俗断发文身"。传说这种习俗是古越人的一支，即黎族先民渡海时为避免水中蛟龙之害而兴起的。关于文身习俗的起因还有很多。流传得最广的，要数《海南黎族民间故事集》中所记载的一则《刺脸》的故事。这是一则美丽而又哀怨动人的传说：

相传很久以前，白石岭脚下有一个小村寨，有一对夫妇，人都快50岁了，才养了一个女儿，这把老两口乐得整天合不拢嘴。老两口给女儿取了个吉祥的名字：荷仙。生活虽然清贫，但有荷仙在身旁，他俩就感到很幸福。

荷仙越长越美丽，花儿见了她低头；她一出来，月亮就躲到云层里去了。

荷仙的歌喉美妙极了，她要是在树林里唱起山歌，林中的百鸟也停止了歌唱。荷仙很勤劳，心灵手也巧，里里外外的活儿她全能干，她织出的筒裙比彩虹还美呢。白石岭周围和远方的小伙子，来向她求亲的多得像天上的星星，但都被她婉言谢绝了。

秋天来了，有一天早上，荷仙的父母因事不能去看守山兰园，荷仙就代替父母去守山兰园。她不停地打"叮咚木"驱赶野鸟和山猪，保护快成熟的山兰稻。突然，从山兰园旁边的森林里，窜出一只大黑熊，直向荷仙扑来。荷仙大吃一惊，要跑，跑不了。她急忙大声呼救，可是这深山老林里又有谁能听见呢？这可怎么办？唯一的办法只有爬上为守山兰园建的小屋顶上去。荷仙刚爬上小屋顶，大黑熊就扑到小屋子下面了。它用力摇着桩子。因为屋子小，被大黑熊一摇就晃动起来，眼看就要塌啦！

就在这千钧一发的时候，只听"嗖"的一声，不知从哪儿射来一支箭，正中大黑熊的眼睛。大黑熊暴吼一声，放弃小屋子而寻找射它的人。"嗖嗖"又是两箭射在大黑熊身上，大黑熊倒在地上乱翻滚，绝望地吼叫着。荷仙正在猜疑，只见一位英俊的青年猎人，从一块大石头后面跳出来，直奔大黑熊。他用尖刀在大黑熊身上再插几刀，只见大黑熊挣扎几下就不再动弹了。

"阿哥，那熊死了吗？"荷仙害怕地问青年猎人。

"它中了我的毒箭，再加上几刀，已经死了。阿妹，你下来吧。"青年猎人答着，上前扶助荷仙从小屋顶上下来。

"谢谢你救了我，阿哥，你家在哪里呀？"荷仙说着，她自己的脸像熟透的苹果般红了。"我叫芳青，家住在木棉岭。今早因追赶一只野猪才到这里来，可巧遇上这只大黑熊。"就这样，他俩在山兰园里愉快地聊了很久很久，彼此倾吐爱慕之情。

荷仙的美丽，早就传到峒主贺卑的耳朵里了，但他还未见过荷仙。有一次，贺卑特地来到白石岭的小村寨，刚好见到荷仙担着竹筒去打水，贺卑原是个酒色之徒，见到这天仙似的姑娘，眼睛忘

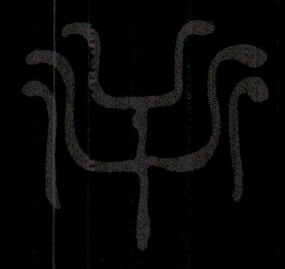

了眨,涎水流了三尺三。峒主叫媒婆送槟榔来求亲,恰巧这一天劳青也托人送槟榔来定亲。荷仙收下了劳青送来的槟榔,把峒主的槟榔退了回去。这一下子可不得了,峒主一听媒婆的报告,火冒三丈:"这山区百余里,我想娶谁就娶谁。她敢不同意,就别怪我无情了!"随后就叫峒丁打手准备去抢荷仙。这事被好心的人通报给荷仙家。老人家怕女儿受害,叫荷仙快躲到山里去,但荷仙不愿丢下老人自己走。峒主贺卑带着峒丁打手来了,荷仙才从后门离开了家。贺卑闯进荷仙家里,找不到荷仙,就逼着两位老人交出人来。老阿爸死也不说,结果被峒丁打翻在地,口吐鲜血,含恨而死。老阿妈向打手扑去,也被打倒在地,翻了几翻也不动了。荷仙听到村里闹哄哄的,想回去看看,又听到贺卑吼叫着指挥峒丁找她,她只好流着眼泪向深山里奔去。走不多远,就听到后面有人在追赶,她拼命地跑,心里更加迫切地思念恋人劳青:"劳青啊劳青,你在哪里呢?现在你要是在这里就好了,你会为我报仇的。"荷仙跑累了,倒在山兰园的小河边,再也跑不动了。她伤心地大哭,她想只因自己长得美,不然也不会有今天。她一气之下,就用长满荆棘的野草在自己娇嫩的脸上和手上、脚上乱刮乱刺,又用木炭涂上去,峒丁赶到了,不管三七二十一,就把荷仙连拖带推地押到贺卑的家里。

再说劳青,这天早晨他也来荷仙家,由于路途远中午才赶到,当他赶到荷仙家,眼前的惨状使他大吃一惊:两位老人已被人打死,荷仙也不知下落。他向乡亲们一打听,才知道事情的经过。他告别了众人,奔出村去找荷仙。高山深谷、老林河沟都找遍了,还是找不到荷仙。他气愤地要去找峒主算账,当走到半路,看见乡亲们拥着一位年轻的姑娘向他走来。突然,那位姑娘直向他奔过来,投入他的怀里大哭:"劳青哥,可把你盼来了!"这一举动,使他吃惊不小。他慌忙推开那姑娘,上下端详:多么熟悉的脸孔啊!可是姑娘已成了大花脸,手脚上也是血迹斑斑:"你是荷仙吗?怎么变成这个样子呢?"劳青不解地问。"劳青哥,你认不出我了吗?为了我们的爱情,我才变成这个样子。不然,就给可恶的峒主抢走了!"荷仙悲痛地诉说事情的经过。原来峒丁把她抓回去交给峒主贺卑,贺卑很高兴,令女奴给荷仙洗澡洗脸,准备强迫成亲。但当贺卑看到荷仙已成大花脸,木炭已渗入姑娘的皮肉里,任凭怎么洗也洗不净了,不再像原来那么美了,难道有钱有势的峒主还要娶这样的女人当老婆吗?不行,不行!美女有的是。于是,贺卑叫女奴把荷仙赶出门去。劳青听了荷仙的叙述,肺都气炸了。他拿起弓箭就要去找峒主为荷仙一家报仇,被众乡亲拉住,苦苦相劝才把他劝住。

劳青和荷仙在乡亲们的帮助下，埋葬了双亲。后来他们成了亲，由于他们真诚相爱，生活过得比蜜还甜。

从那时起，黎族女孩自六七岁开始，就由大人带到深山里去刺脸、纹手脚，为的是不要让像贺卑那样的恶人再来抢劫了①。

诸如此类，关于文身的传说还有多种，就不再赘引了。

何谓文身？邢关英《黎族》一书中，说得非常简要。

> 文身，即在人的皮肤上用尖利之器刻图案，使色素渗入皮下，留下永久性花纹。由于颜料以墨色为主，如墨行文，所以称"文身"，或称"黥"、"扎青"、"雕题"等。黎语称文身为"打登"、"登欧"、"横欧"等。黎族妇女一般在十二三岁便择日刺纹，先用野生红白藤针刺痕，然后涂上野生红白藤汁，即呈现蓝色线纹。
>
> 黎族文身范围，包括脸、手、胸、脚和小腿等各个部位。有鸟兽、花卉等各种图形。脸纹一般以口为中心，两眼作准点，颊为基部。两颧是各种对称斜纹线，其中多直线斜纹、曲线斜纹和三角形斜纹等；下颏纹比两颧纹复杂，通常为半圆形、椭圆形或圆形组成。手有两臂纹和手背纹，腿有大腿纹和小腿纹，这两种图形和纹理颇多相似，一般以横线为主，另配以其他纹理，形成砖墙形、树林形、瓜果藤形和由实点虚圈组成的多种纹形。两腿的花纹相同者颇多，而两臂和两手背则每每各异，甚至一手背有之，另一手背则无。黎族妇女不文身就觉得不美，男子看不起，不娶。②

探讨文身习俗，是人类学中的一个极其重要的议题。这种习俗，不是黎族族群所独有；独特的问题是，为什么海南黎族女性的文身习俗延续了数千年？

文身是世界性的。这是一个古老的课题。笔者2008年秋冬时节，接受夏威夷大学的邀请，以访问学者的身份，到夏威夷本土进行田野调查，希望能找到太平洋地区岛屿和海南岛黎族大体相似生活状况的古老民族——波利尼西亚人，在田野中研究比较这两个民族之间文身习俗。结果，

---

① 保亭黎族苗族自治县文化广电出版体育局．甘工岛的故事[M]．海口：海南出版社，2007：61．
② 邢关英．黎族[M]．北京：民族出版社，1990：48-49．

在岛上一个文身的波利尼西亚人也没有见到！据当地人说，这些土著都集中住在一个海岛上，而这个岛屿一般人是进不去的。笔者在夏威夷大学图书馆、毕士普博物馆、书店等处四处寻找，有幸获得一些书面资料。

波利尼西亚人在数千年前与黎族一样存在文身习俗。19世纪初叶乔治·H.冯·朗斯多夫于1813年在伦敦出版的《在世界各地航海和旅行》一书中，叙述了南太平洋文身的情况。他写道："南太平洋岛民最引人注目的，也最有意思的做法是对他们的裸体进行装饰，通过穿刺方式，按他们的语言就是'拓涂'，即文身。这种装饰方法在地球上许多民族中都很常见，应该比从前更加得到旅行者的注意。毫无疑问，十分令人吃惊的是，各民族相隔遥远，其间亦无任何交流，却在做法上息息相通。在地球已知的所有民族中，没有谁像华盛顿群岛（马克萨斯群岛）的居民那样把文身艺术推到如此完美无缺的程度。"① 在19世纪发现夏威夷岛以及岛上的波利尼西亚人的是英国人詹姆斯·库克船长。当时有博物学家约瑟史·班克斯跟随库克到太平洋群岛，他沿途发现和描写、绘制波利尼西亚人的文身，至今为后人留下无以伦比的艺术珍品。遗憾的是，他们没有留下照片！

笔者也特地到台湾花莲县访问了田贵实先生的"泰雅纹面文史工作室"。这个规模不小的工作室，墙壁上挂满了他千辛万苦拍摄的文面老人的相片。田贵实先生向我们介绍泰雅族的文面文化；并透过这些文面老人的口述历史，让参观者认识早期泰雅族群的生活面貌。每一位文面老人的生命史，就像一个族群部落的文化史。台湾"中央研究院"何廷瑞先生的《台湾土著诸族的文身习俗之研究》，马腾岳《泰雅族文面图谱——关于泰雅族的文身习俗的文化研究、口述历史与摄像记录》等专著，清楚地说明了台湾学者和文化工作者们，对台湾土著尤其是泰雅族的文身进行了大量的艰苦细致的田野调查工作，并取得了颇具历史意义的研究成果。

我国西南部的云南省怒江州贡山独龙族怒族自治县独龙族文面独具一格。但在2004年6月30日《北京科技报》所登载的沈醒狮、沈彤《寻找最后64位文身女》的文章中，说此前的七年，该地文身女人仅存64人。云南省傣族文身人数保留下来的也极少。也就是说，世界各地，尤其是南中国海沿岸、太平洋地区以及中国西南部自古以来有文身习俗的地方，目前仍健在的文身的先住

---

① 乔治·H.冯·朗斯多夫.在世界各地航海和旅行[M].伦敦：出版者不详，1813.

民非常罕见,有些地方仅剩下一些画图或照片。而在海南黎族地区妇女的文身却不一样,海南现在遗存的文身人数尚比较多,如乐东黎族自治县,记录在案的文身老人还有900多人(不包括在农场的),白沙黎族自治县仍有400多人。目前,据不完全统计,黎族文身老人健在的有2 000多人,几乎都是女性,男性少,且男性的文样十分简单。

就世界范围而言,现存的黎族文身老人是黎族对人类文化史的一个极大贡献。因为黎族文身的文样图案十分丰富,而且分布地域极广,黎族文身的老人在聚居地各处都有,如润方言、美孚方言、哈方言、杞方言地区都有文身,海南岛一半以上的地域都有文身老人的分布,范围较广。作为世界上最为宝贵的活的文化遗存之一,黎族文身是很值得采用多种手段将其保存下来的;眼下,这2 000多位文身老人,都已经是耄耋老者,甚至有的已年过百岁,年龄最小的也年近古稀。再过20—30年,黎族文身老妇即将在地球村上消失殆尽,到那时才来回顾或者惋惜,为时已晚了。

历史上,中国历代皇朝都认为文身是黎族的陋习,下令禁止,劝阻文身最早的法令出现在汉代。黄佐《广东通志》载:"又是年(东汉明帝永平十七年,即公元74年),明帝拜僮尹儋耳太守,尹至郡,敷政未久,永平十八年乙亥(75年)下诏擢为交趾刺史,还至珠崖,戒敕官吏毋贪珍赂,劝谕理其民毋镂面颊,以自别峒俚。雕题之俗,自是日变。"① 实际上,文身习俗当时并没有改变,一直延续下来。到了明朝,俞大猷著《黎族图说》,其中又提出"务将管下黎人严禁童女不得如前披发文身"的建议,到了民国时代,政府将其作为陋习又下令禁止,但屡禁不止。据刘咸在1934年的调查报导中说:"自1924年以来,官厅布告禁止,违者科罚,由是青年妇女,面者渐少。然风俗兴废,每须时间,开通之女子,虽湼面者渐少,而蛰居远山穷谷者,与世隔绝,官厅布告,固不知为何事,而宣传亦难普及,其实行湼面文身,依然如故。"② 20世纪30年代的国民政府的抚黎分署,虽雷厉风行地严禁文身,但作为一种民族习俗,文身文化仍然顽强地继承下来。

文身是整个黎族群体共同的文化现象。黎族语言分哈方言、杞方言、润方言、美孚方言、赛方言五种,各方言之间语言常不相通,其间的差异不容易认知和了解。就是同一方言内因土语不

---

① 黄佐纂修.嘉靖广东通志[M].卷四十六《列传·僮尹》.
② 刘咸.海南黎人文身之研究[J].南京中山文化教育馆《民族学研究集刊》第一期,中华民国二十五年五月.

一样，彼此也难沟通；文身的纹素也不一样。目前，赛方言区的文身现象已经完全消失，其他四个方言区老年妇女的文身，在黎区的荒山野岭间仍然存在。

近20年来，笔者多次走进历史田野，采访黎族文身老人。她们是人类历史文化的活化石，予笔者研究海南历史许多活生生的知识和启示。海南岛黎族为什么延续了数千年的文身习俗？也就是黎族女性文身的社会功能是什么？在田野调查中，笔者深深地领会到恩格斯在《家庭私有制和国家起源》序言里所说的道理。恩格斯1884年第一版序言中指出："根据唯物主义观点，历史中决定性因素，归根结底是直接生活的生产和再生产。但是，生产本身又有两种，一方面是生活资料即食物、衣服、住房以及为此必需的工具的生产；另一方面是人自身的生产，即种的繁衍。"黎族也与其他民族一样，经历过蒙昧时代、野蛮时代和文明时代。远古的时候，母权制氏族是当时整个社会围着旋转的轴心。一个部落里面，都依女系即从母亲到母亲来计算，母系是唯一有效的，最早的婚姻，是部落内部血亲婚配。这种血亲婚配，即是摩尔根在《古代社会》中说的家族的原始状态："那时部落内部盛行毫无限制的性关系，因此，每个女子属于每个男子，同样，每个男子也属于每个女子。"在这种血亲婚配下生产的第二代、第三代，多有畸形。经过无数代付出的沉重的代价，黎族先人们意识到近亲繁殖的祸害，于是对部落内部的女子跟部落外部的女子的血缘加以区别，以避免血亲婚配。这种区别最有效的办法是让"及笄"即在有生育能力的女性身上文身，而文身首先在一个大的部落内部，将属于不同母系的血缘亲属集团，所有处于发育期的女性，都按照她母亲的图案文身，并在民族内部严格禁止相同血缘通婚，即某一氏族的男子，必须在氏族以外娶妻，也就是要娶跟自己母亲文不同图形的文身女子。当然，最好是与更远的部落或氏族通婚。这即是奥地利精神病医生弗洛伊德（1856—1939）在《图腾与禁忌》中说的，在原始民族中普遍实行的族外婚制，虽然原始民族并没有像我们一样的道德观念，但都严厉防止乱伦，都有对乱伦的畏惧。① 这样一来，文身是避免血亲性关系的最有效的办法，而这也是黎族族群得以世代健康地繁衍的根本保证。

笔者在黎区村寨做田野调查过程中，许多文身老太太都说与母亲相同文身花样的女性，相同母系的男人不能与她谈婚论嫁。这一约定俗成的习俗，黎族世世代代传递至现在，古老习俗所包

---

① ［奥］西格蒙德·弗洛伊德. 图腾与禁忌［M］. 文良文化译. 2版. 北京：中央编译出版社，2009：8.

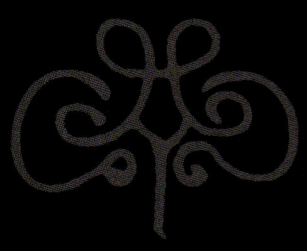

含的道理在黎族族群中是十分明白的。因为黎族族群生活在群山峻岭中，人与人之间相隔距离较远，而且因生活资料贫乏等原因，族群经常迁徙，所以用文身纹样来识别血缘关系，保证了本民族健康地繁殖，这一人类学中的大道理，笔者在黎族文身现象中获得了答案。

关于黎族女性为什么要文身，亦即文身的社会功能是什么，最根本的原因或社会功能，有如上述，但历来在黎族老百姓中和汉族研究者的记载也还有种种不同说法，诸如：

一、氏族族群的标志

20世纪30年代刘咸撰写了《海南黎人文身之研究》一书，成为研究黎族文身研究的奠基之作。书中说："文身图式分属之记号，与其社会与政治组织有关系，不得混杂或假借。大而言之，有各部落之标识，各峒与各峒之标识；小而言之，各族系有各族系之标记，各村有各村之标记。"由此可知不同文身图式可以作为不同黎族族群支系的识别。如白沙县的润方言妇女，是以广场纹和树叶纹组成图案，在纹路之间不刺零星的大小点。而昌江县或东方市的美孚方言妇女是以谷粒、泉源纹和几何纹等组成图案，在两线条之间星点满布。各支系之间都有自己特有的纹式。因此说，文身是黎族族群的个体语言，他们把文身作为自己氏族的标志。老百姓说，如果不文身，死后祖宗不相认，成为孤魂野鬼。

二、文身是黎族姑娘长大成年的标志，也是黎族少女对美的追求

宋代周去非《岭外代答》明确记载"女年及笄"涅面；范成大《桂海虞衡志》也说"女及笄即鲸颊"；赵汝适《诸蕃志》也指出"女及笄即鲸颊为细花纹，谓之绣面"；到了清代，毛奇龄《蛮司合志》也说："年将笄，置酒会邻峒"而涅面；屈大均《广东新语》说："凡黎女将欲字人，各谅已妍媸而择配，心各悦服，男始为女文面。"民国时期，刘咸的《海南黎人文身之研究》中也提及了"涅面文身之事，古有定制，不仅图为定形，谱有法则，即施术时期，及受术者之年龄，亦有规定。如女子年十二三岁时，先涅面部，十六七岁时已出嫁者，则涅胸部，二十许时，为丈夫所溺爱者，则为之涅私处，则个事事，不足为外人所道。又手足之纹视为旁支，不关重要，主要者为面文。"这些记载，说明文身与女子成人及婚嫁密切相关。

三、文身可求福避邪

古代吴越人断发文身，让自己像龙而避蛟龙之患。《史记·吴太伯世家》载："常在水中，故断其发，

文其身，以象龙子，故不见伤害。"黎族也认为文身具有这种作用。用文身来塑造自己，以祈求躲避不祥或乖邪，或者借用身上刺刻的图腾，来保护自己消灾求福，这种作法，又给文身赋予巫术的作用。

四、文身美丽的花纹，表示个人身份的高贵

宋代乐史在《太平寰宇记》中论及儋州风俗时说："尚文身，豪富文多，贫贱文少，但看文之多少，以别贫贱。"周去非说："唯其婢使不绣"，范成大、赵汝适均说："雏婢获则不绣面"，萧应植《琼州府志》里也说："婢妇女则否"。婢女不能文身，表示地位的低贱，这些叙述不知道是否有事实作根据。如果在历史上果真如此，则说明历史上某些地区存在的文身风俗蕴含着等级观念。不过，以文身表现个体人的地位，在黎族习俗中，越接近现代生活，这种观念越不明显。在笔者走进黎村进行田野调查时，这一说法已不存在。

上面所说的文身是一个氏族一个纹样。但此前不久，笔者到属于哈方言的乐东黎族自治县进行田野调查，发现乐东黎族自治县境内居住哈和杞二个黎族分支系，其中哈方言内部又分为11个分支系，据民族研究所罗文雄告诉笔者，即哈应人、罗活人、只贡人、艳怀人、抱由人、抱曼人、志强人、哈南唠人、南美人、尼下人、否前人等。但笔者在调查中，仅调查到9种土语，每一种土语的文身、文面特别是文手的式样都不相同，说明黎族在社会结构上，各支系分别得十分细致。这可能也是上文所说的母系社会的孑遗。

黎族因为有了文身的习俗，所以杜绝了近亲婚配。因此，我们说黎族文身功能中最重要的一点，是文身为族群借此得以健康生存和发展的根本保证，这是文身习俗几千年来之所以能够延续下来的原因所在，黎族历来家庭中一夫一妻、家庭和谐美满，也是文身的结果。

从文化层面来讲，文身对于黎族传统文化的传承也有着十分突出的贡献：

其一，黎族的文身是人类原始宗教精神世界的一种突出现象（精神现象）。

其二，黎族文身的图案，是黎族与其他民族之间相互区别的明显标志。

其三，黎族文身的图案，体现了族群的哲学理想和人生理念。

其四，黎族文身图案中有许多至今仍不可理解的符号，这些符号将成为人类破解远古人类生存状态的重要材料。

所以，笔者认为，黎族女性的文身习俗也包括了黎族人民对美的追求。

2008年笔者到夏威夷群岛做田野调查，当时查得许多专著，记载了太平洋岛国女性文身是为了产生并增强性的欲望；波利尼西亚女性文身的动机是性的诱惑；两性的关系在文身文化里面得到充分的理解，这是一个世界性的话题，联系到黎族文身也是一样的。是故，笔者期盼黎族的文身能继续作为一种国际性的学问被很好地进一步保存、研究，让黎族的文身文化对人类作出更大的贡献。

至于现存的四种方言的文身纹素，简要地介绍如下：

纹素是构成文身图案的基础。刘咸研究黎族文身时，画下几十种纹素图样，这是当代民族学家们作进一步研究的范本。台湾何廷瑞研究台湾土著语族的文身习俗，也画下多种纹素图案。2001年，笔者带着一位华盛顿大学人类学系学生到白沙县南开乡做田野调查，在当地两位干部的陪同和带领下，越过了四个一千多米高的山岭，最后到达偏远的高峰村。那里因地处丛山密林之间，受现代化的影响较少，民俗民风很淳朴，女性文身图案复杂，十分壮观，被称为刻在身上的敦煌壁画，笔者对此进行了详细调查。[①] 此前，20世纪30年代德国人史图博到白沙县元门乡调查时所记下的黎族妇女文身的纹素状况，没有笔者看到的南开乡高峰村的文身图案丰富。这是因为元门和南开的两个乡，虽然都属于润方言，但区分为两种土语，故纹素差异大。刘咸的田野工作因为没能到过此地，他的调查记录也与此地大不一样。因此，笔者就各地田野调查时所见的文身图案，进行了一番比较和整理之后，也组成书面图案，已经发表在王学萍主编的《中国黎族》[②]一书中，作为前人调查结果的补充。

润方言文身纹素图案，多用各种丰富的线条描述，具有丰富的文化内涵，进一步研究可能发现很有价值的文化意蕴。其背纹、胸纹都用线条的曲线表现，手纹、脚纹的线条十分复杂，与刘咸所画纹素不大相同。美孚方言的文身纹素也很丰富，不同之处在于其两条线中间有许多散点，胸纹有的用直线连到肚脐处。哈方言分布的地区广、范围大，笔者在乐东县调查时，找到的9种

---

① 岳嵬.32颗石子和13片树叶——一对老教授对高峰村黎胞生存状态的关注[N].海南日报，2001-6-11 (7).
② 王学萍.中国黎族[M].北京：民族出版社，2004：243-260.

代序言

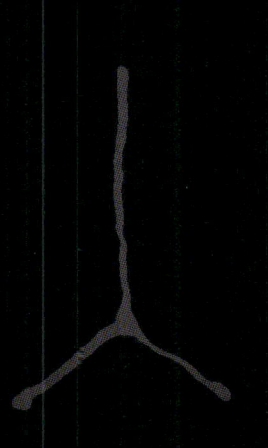

土语都有不同的图案，土语下还有次土语，再下分氏族，其纹素也十分丰富，尤其是下巴处有圆形或方形文样，不一样的土语有不同的文样。有的线条从眼角连到嘴角或下巴，有的则从耳根拉到眼角再下拉到嘴角，有的在脸上文上双线的三角形，很少文胸，线条只达脖子下方。杞方言的纹素比较简单，但也不乏特色，其纹素往往构成不同的图案，比如丫型、八字型、问号型等，线条看似简单，但不同的部落间纹素也各不相同，结构既简单又美观。

黎族文身的图案经过千百年的传递和创造，其纹素包含的文化意蕴十分丰富，有的符号目前还无法破译。

因此，笔者邀请海南日报社曾经获得过中国国际新闻摄影比赛新闻人物现场肖像类单幅优秀奖而且经验丰富的摄影记者张杰和海口市教育研究培训院艺术修养及艺术造诣深厚的张昌赋一起，继续进行这项课题的研究。他们用前后三年时间，深入黎族一村一家一户去寻找拍摄，有些时候笔者也与他们一起下去，有些时候民族研究所高泽强也加盟进来。高泽强是乐东黎族的后代，他对乐东黎村十分熟悉，他是研究者又是向导。这一松散的研究组合，因为兴趣相投，合作得十分愉悦。

这一册书是张杰和张昌赋完成的，他们以对黎族人民的高度尊敬和热情，不顾山路的崎岖和烈日的暴晒，背着沉重的拍摄器材，走村串寨，以他们精湛的技术，两相默契配合，拍下一幅幅鲜活的画面，截留下今天文身老人的历史记录。书中他们所拍摄的文身老人的相片，最大的特点是再现黎族老人的日常生活；他们用艺术的手法，栩栩如生地让老人们重现于画面，不矫饰、不呆滞，源于生活又高于生活，把文身文化表现到极致！应该说，这是先行的第一个画卷，以向广大读者和专家请教，今后，研究还要走进田野继续进行下去。

这些话聊作序言，也表达笔者对这两位忘年交朋友探索黎族文身之谜的良好祝愿！

2011 年 7 月 20 日
于海南大学图书馆工作室

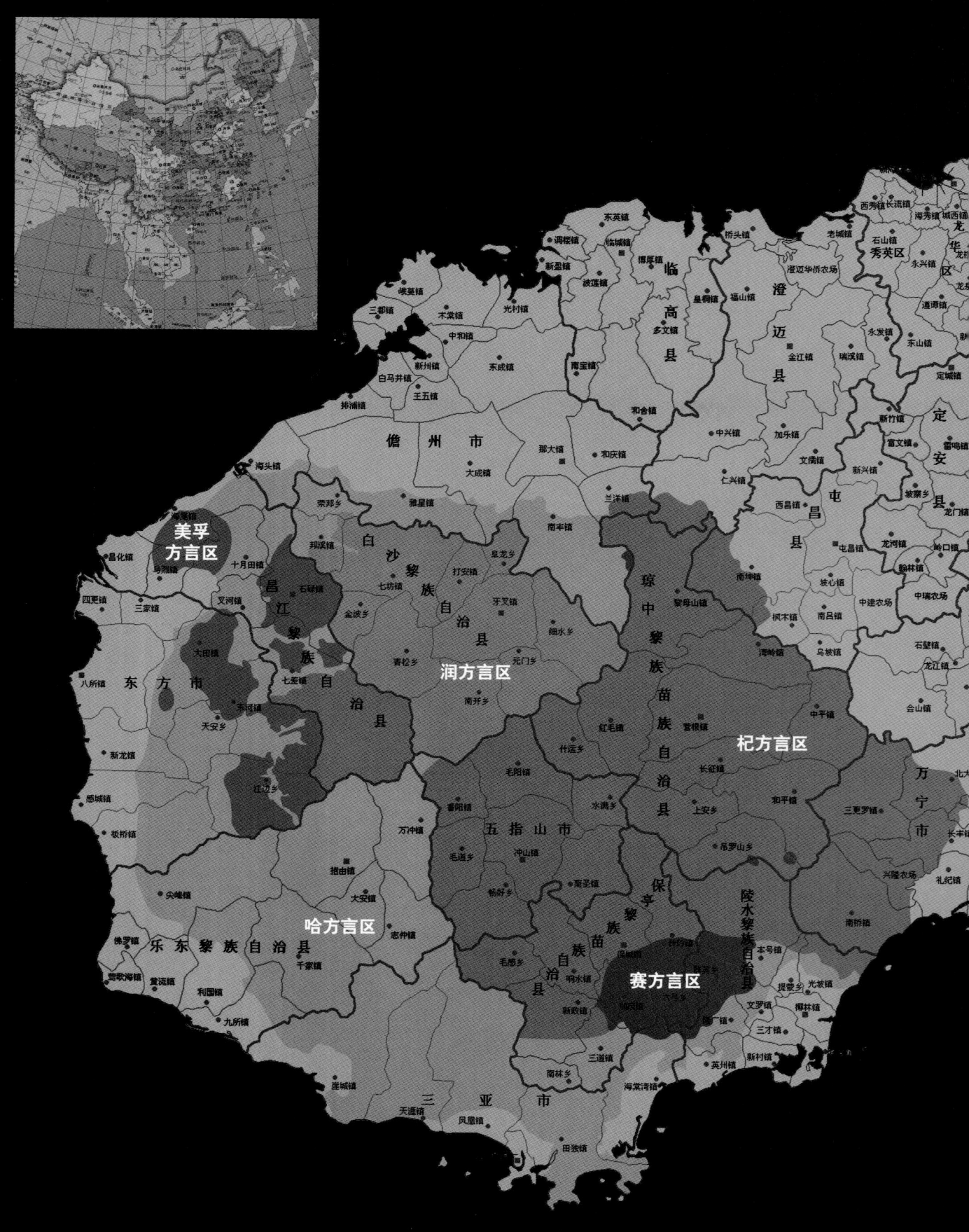

海南岛黎族方言分布示意图

- 哈方言区
- 润方言区
- 杞方言区
- 美孚方言区
- 赛方言区

润方言区

润方言区

主要分布在海南岛南渡江源头白沙黎族自治县境内。

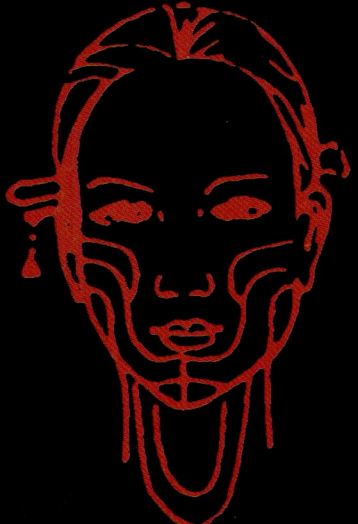

润方言的纹式

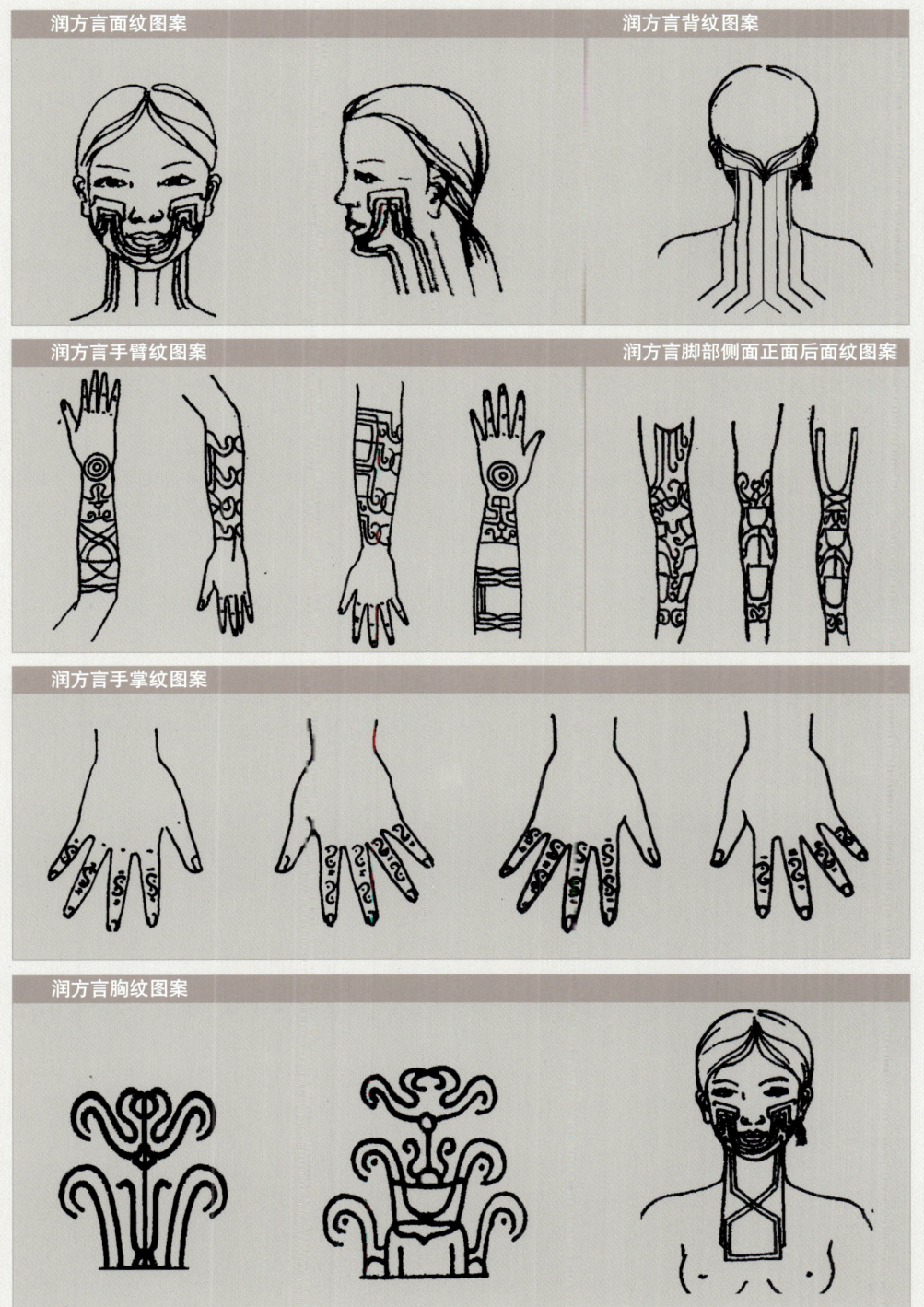

润方言的纹式

面纹：

润方言女子特有的面纹形式，是从两耳连接面颊处，以数根三角形的曲线连在一起。

面纹不仅文绘有规则，且样式繁复，是一种变化的图型，左右相称，线有三道，而经颈项而连于胸前，合颧、颈、胸为一体，圆角、方角、横线、直线、斜线、曲线，一并采用。圆型以两颧为中心，颔部则有绕唇之曲线三条。

润方言妇女面部纹样

相同方言，面纹有时也略有差异。有的是在两颊文上直角弯曲的回文，即"凹"线文，下及颈部。这些直角转折的线文可有三列四条，彼此平行，距离亦大致相等。在两颊及颔下有直短线联串二、三线之间。线文之间空白不文其他花样，如小圈、小点等。

润方言的面纹图式一致性强。不过在面颊的纹式中，也有面左右两侧的花纹成对称，最里面的纹路呈凸形，弯曲的回文线条从耳朵根铺开，布满脸颊，有的是三条，比较疏散清晰，有的是四条，面积宽大且纹理显复杂。最里面的纹路主凸形。唇下的曲线有的是三条，有的仅一条，嘴唇下中间有一直线相串，有的则画五条直线。

胸纹：

胸纹是刺于胸部的刺纹，刺胸纹在润方言的老年妇女中十分普遍，凡文面者必文胸。刺胸条纹数也较单纯，都与面纹相连接。颔部的三条绕唇曲线之下，连接胸纹，胸纹粗大，成佩带装饰之状，线多平行，似方形之突起。整个胸纹为一长方形，双曲直线纹，但不同的村落，在长方形中间的纹路各异。

背纹：

背纹是从背面发根画五条线一直到背上，然后向外成直角分开，成扇状形，有的则文七条线路。

腿纹：

润方言的腿纹特别美丽，图案也繁复多彩，腿部的彩绘像艺术品杰作。

腿纹一般是左右对称，其纹路好似几何图案，有马蹄形、圆形、勾形、直线形，纹路多样，并与艺术图案互相配合，具有丰富的想象力和创造性。有的纹形绘于大腿正面，两腿数目不全相同，最少者每边三个，多者十个，纹绘排列，两腿整齐。

润方言妇女腿部纹样图案有几个特点

一是同一村落，不同妇女的腿纹，其图案也不完全相同。

二是不同村落的腿纹图式也各有特色。

三是即使完全同一模式，但其纹路却大同小异，在类似的纹路格式中又发挥自己的创造性。

四是一般情况大腿全面刺多条纹，膝盖处画一半圆形双线图案，再以十字线贯串其中；小腿部位多以各个长方式横线组合。后面腿纹又与前面腿纹不同，大腿为竖条线纹，线纹末有小钩，纹路中间有横纹连接，构成图案整体。小腿纹路呈长方式状，中间两条纹线交叉，但也有的纹线在大腿处另呈波浪形图式。

手纹：

手纹是指刺于手部与肘部的刺纹。其花纹多以曲线或加上多层圆圈。

关于手指纹：在右手之食指、中指、无名指背面，每指节各有一个或两个S或S记号，位于中节，在右手者，则位于基节，皆S形，独中指之中节多一个，作S；左手三指之中节及基节均系两个，除中基节为S，余皆为S形，右手三指则仅中节各有一个，除食指为S，余二指皆为S形。

关于手臂纹，两手背有同心圆三个，中有一圆点，两臂绘有较复杂之动物简化纹。

手腕纹所刺纹式以圆形和曲线形特别丰富为其特色，至于这些花纹有什么象形的意义，一般都说不出。

一、润方言

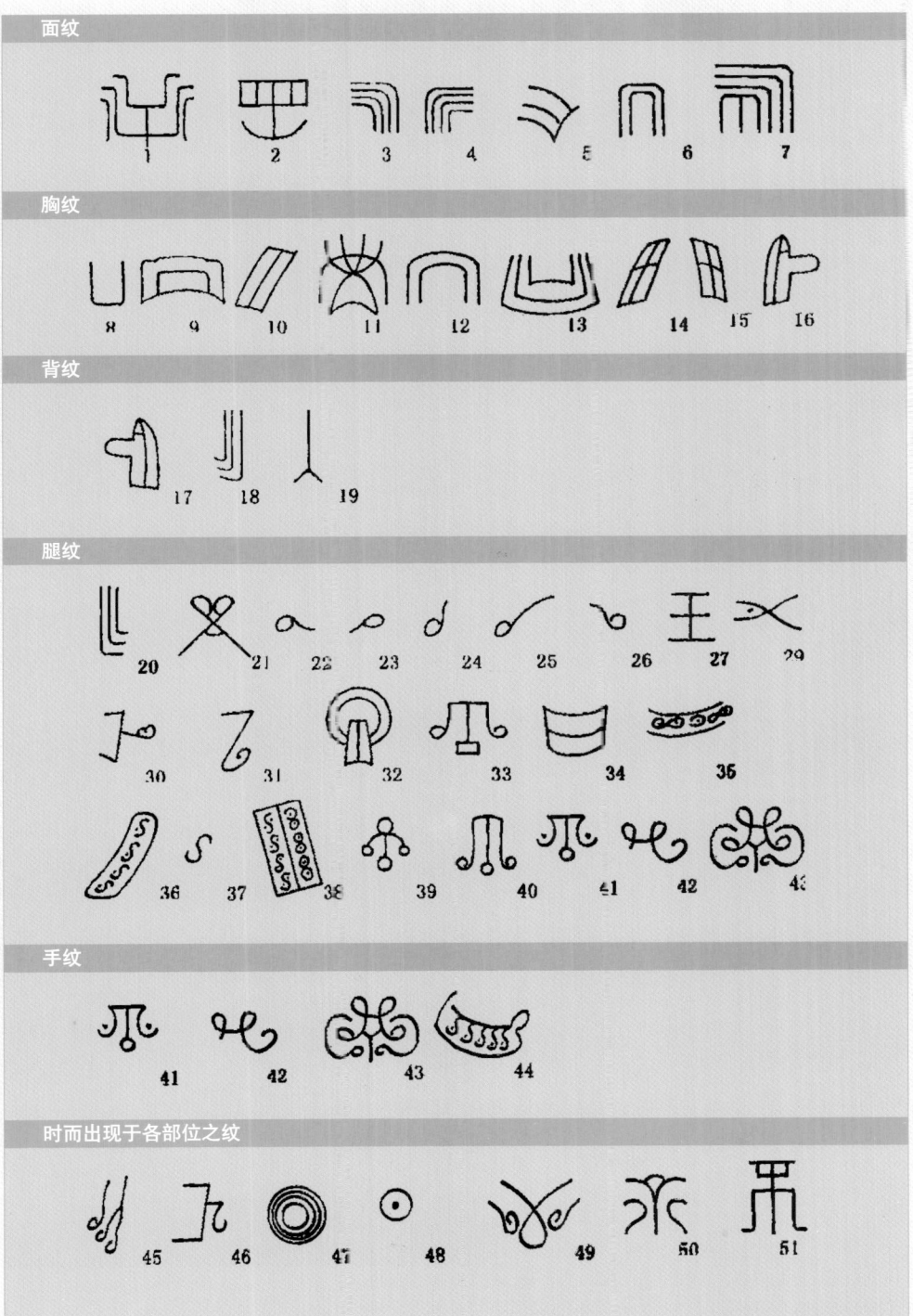

（本页图文：周伟民、唐玲玲；摘自王学萍主编的《中国黎族》一书，略有修补。）

姓名：符春花

出　　生：1934年生于白沙县南开乡高峰村委会道银村
部　　位：脸纹、颈纹、背纹、腿纹、脚纹
拍摄时间：2008年10月12日下午
拍摄地点：海南省白沙黎族自治县元门乡向民村三队

口述

我父母已去世，姓名不便说（根据黎族当地习俗，去世后的人不能再被提其姓名,否则不祥），我家原住地在白沙县南开乡高峰村委会道银村。26岁时由村里文身师免费文身，选择在早上分两天文完,（纹线文身时）没有任何仪式。28岁结婚，嫁同村丈夫符仁青，生一个女儿，然后搬到元门乡向民村三队。

一、润方言

一、润方言

姓名：**李金冲**

出　　生：1919年生于白沙县牙叉镇营盘管区海旺老村
部　　位：脸纹、颈纹、胸纹、背纹、彡纹（手指上）、腿纹、脚纹
拍摄时间：2008年10月13日下午
拍摄地点：海南省白沙黎族自治县牙叉镇牙炳村三队

口述

我父母已去世（根据黎族当地习俗，去世后由人不能再被提其姓名，否则不祥），我家原住地在白沙县牙叉镇营盘管区海旺老村。16岁时由同村人免费文身，当时选择在夏天分几天文完，没有任何仪式。文身原因：小时候怕被人偷去卖，文身就有黎族标志。24岁结婚，与丈夫符朝赞生3男3女，从白沙县牙叉镇营盘管区海旺老村嫁到白沙县牙叉镇牙炳三队。

姓名：符彩莲

出　　生：1921年生于白沙黎族自治县牙叉镇道阜村

部　　位：脸纹、颈纹、胸纹、背纹、腿纹、脚纹

拍摄时间：2008年10月9日下午

拍摄地点：海南省白沙黎族自治县牙叉镇白沙村委会什坡阶村

口述

我父亲符亚富，母亲符亚伍，我家原住地在白沙黎族自治县牙叉镇道阜村。文身原因是大人们说好找老公，不文没人要，女孩文身才能得到祖宗承认，腿纹刚好文到黎族筒裙的地方。我15岁时由文身师免费文身，分4次文完，没有任何仪式。25岁结婚，与丈夫符阿妙生两女孩，从牙叉镇道阜村嫁到什坡阶村。

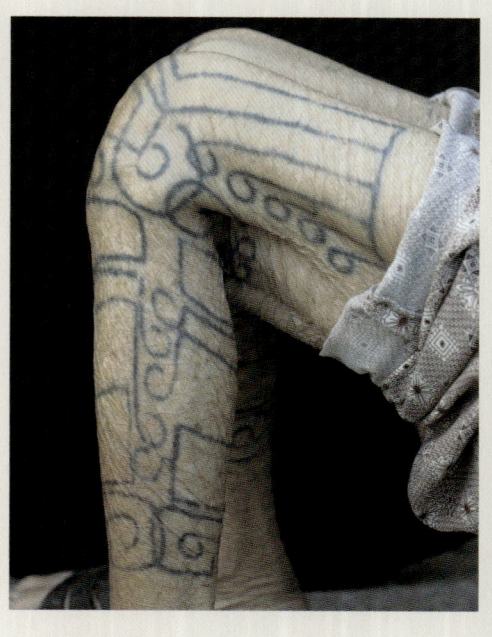

一、润方言

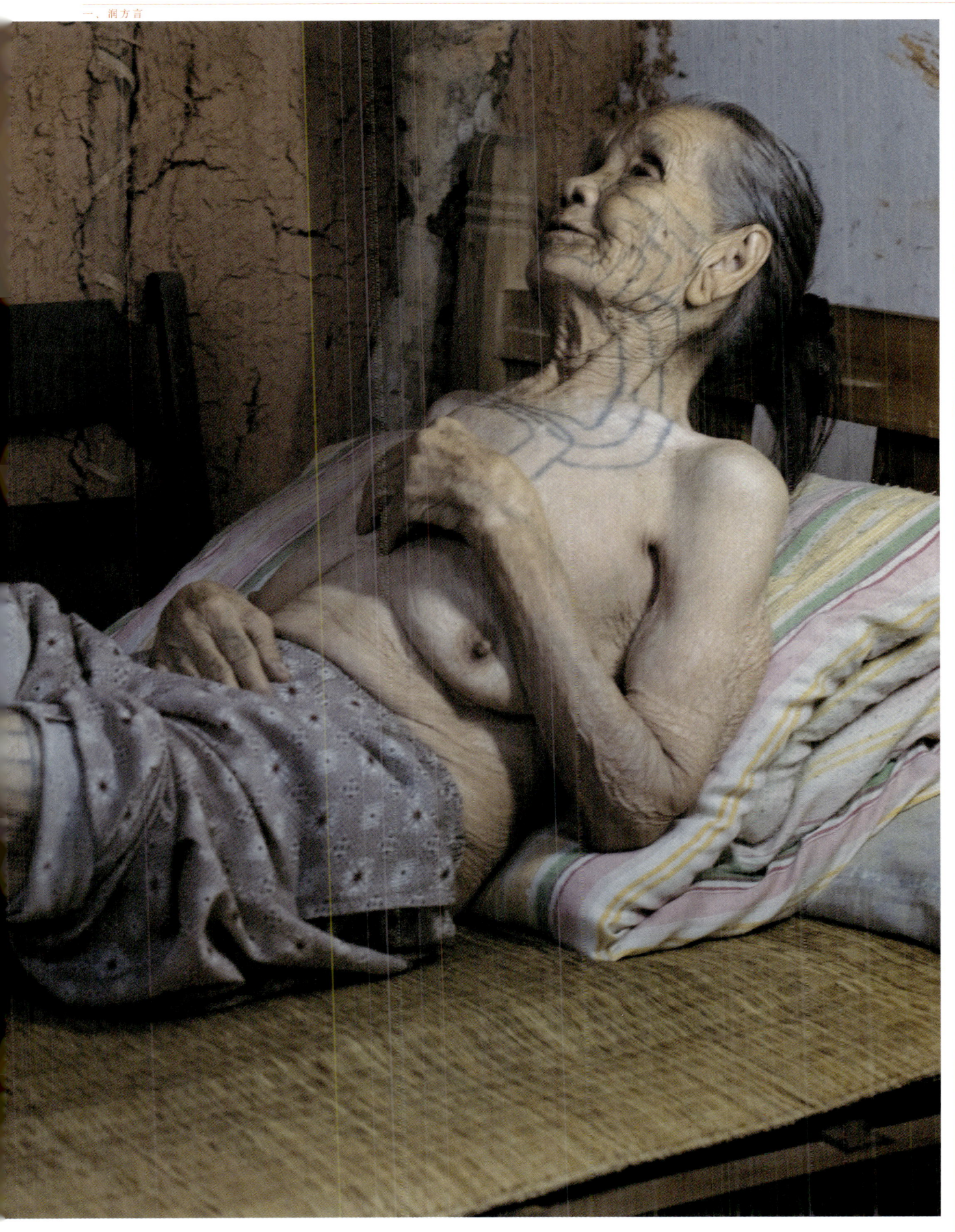

一、润方言

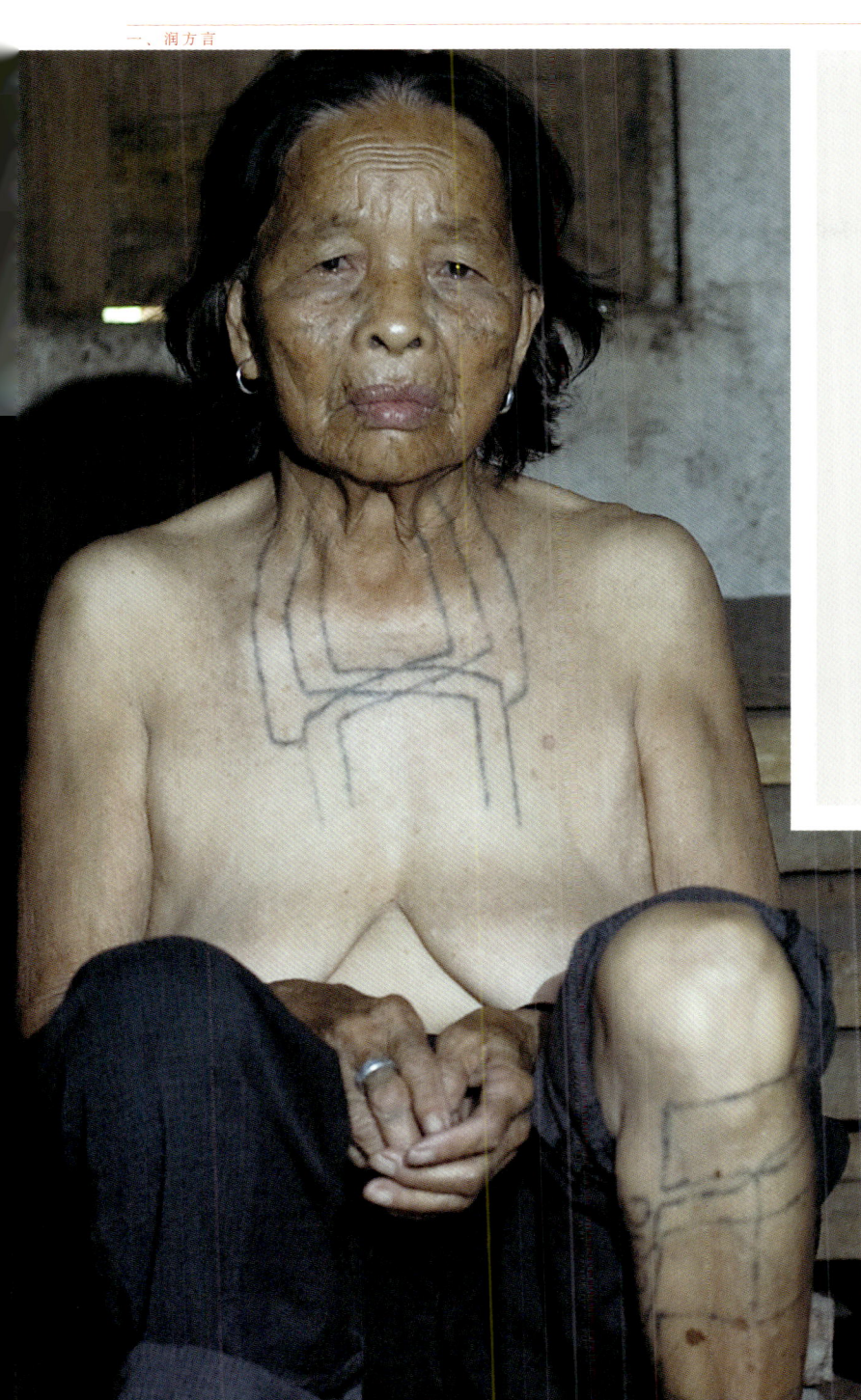

姓　名：符亚苦

出　　生：1927年生于白沙县元门乡向民三队
部　　位：脸纹、颈纹、胸纹、背纹、手纹、脚纹
拍摄时间：2008年10月10日上午
拍摄地点：海南省白沙黎族自治县牙叉镇和荣村委会和荣二村

口述

我父母亲已去世，父母姓名不便讲（根据黎族当地习俗，去世后的人不能再被提其姓名，否则不祥），父亲原住地元门乡向民三队；母亲原住地不详。我25岁时由文身师（同伴）免费为我文身，从早上开始，一直到下午完成，没有任何仪式。25岁结婚，育有1男4女，从白沙县元门乡向民三队嫁到白沙县牙叉镇和荣村。

13

姓名：符亚发

出　　生：1932年生于白沙南开乡
部　　位：脸纹、颈纹、胸纹、背纹、腿纹、脚纹
拍摄时间：2008年10月11日
拍摄地点：海南省白沙黎族自治县元门乡向民村委会老村

口述

我父母已去世，父母姓名不便讲（根据黎族当地习俗，去世后的人不能再被提其姓名，否则不祥），原住地白沙南开乡某村。10岁时由村里文身师免费文身，当时选择在中午开始，花三四天5次文完，没有任何仪式。文身原因是为了怕被国民党、日本军抢走。12岁结婚，生有2男5女，从白沙县南开乡某村嫁到元门乡向民村。

一、润方言

姓名：符亚耐

出　　生：1931年生于白沙县牙叉镇志针村三队
部　　位：脸纹
拍摄时间：2008年10月13日下午
拍摄地点：海南省白沙黎族自治县牙叉镇浪崖村

口述

我9岁父亲去世，12岁母亲去世，我家原住地在白沙县牙叉镇志针村三队；我15岁时由文身师（同村村民）免费文身，文身选择在夏天一次文完，没有任何仪式。文身原因是小时候怕被人偷去卖，文身才有黎族标志，不会被卖掉。25岁结婚，与丈夫符亚屈生3男3女，从白沙县牙叉镇志针村三队嫁到白沙县牙叉镇浪崖村。（这是符亚耐与其22岁的大孙子符明志在庭院的竹林前合影。）

姓名：符亚妮

出　　生：1928年出生在牙叉镇桥南居委会牙利新村
部　　位：脸纹、胸纹、颈纹、背纹、手纹（手指部位）、腿纹、脚纹
拍摄时间：2008年10月14日
拍摄地点：海南省白沙黎族自治县牙叉镇桥南居委会牙利新村

口述

我父母已去世，我家原住地为白沙县牙叉镇桥南居委会牙利新村。我15岁时由文身师（邻居）免费文身，在冬天的时候分五、六天才文完，无任何仪式。文身原因是担心被抓去卖。17岁结婚，与丈夫符元佑（军人，战死）无子女，从白沙县牙叉镇桥南居委会牙利新村嫁到白沙县牙叉镇桥南居委会牙利新村。

一、润方言

姓　　名：符小花

出　　生：1921年生于白沙县
部　　位：脸纹、颈纹、胸纹、背纹、腿纹、
　　　　　脚纹
拍摄时间：2007年9月4日
拍摄地点：海南省保亭黎族苗族自治县槟榔园

一、润方言

姓名：符小荣

出　　生：1929年生于白沙牙叉镇白沙村委会什坡阶村
部　　位：脸纹、颈纹、胸纹、背纹、手纹
拍摄时间：2008年10月9日
拍摄地点：海南省白沙黎族自治县牙叉镇白沙村委会什坡阶村

口述

我父亲符进敏，母亲符桂枝，我家原住地什坡阶村。我三岁时由文身师黄阿聪免费文身，记得是从早上到晚上一次文完，没有任何仪式。文身原因是为了好找老公，不文没人要，文身了才能得到祖宗承认。我20岁结婚，与丈夫符阿明生3男3女，从什坡阶村嫁到本村。

姓名：王亚显

出　　生：1920年生于白沙县元门乡什坡阶村
部　　位：脸纹、颈纹、背纹、手纹、腿纹
拍摄时间：2008年10月12日
拍摄地点：海南省白沙黎族自治县牙叉镇儋
　　　　　州村

口述

我父母已死亡，父母姓名不便讲（根据黎族当地习俗，去世后的人不能再被提其姓名，否则不祥），我家原住地均在白沙县牙叉镇白沙村委会什坡阶村；我12岁时由文身师（同村村民）免费文身，在上午开始，利用一天文完，没有任何仪式。25岁结婚，与丈夫（已过世，姓名不便说）生3男6女，从白沙县牙叉镇白沙村委会什坡阶村嫁到牙叉镇白沙村委会儋州村。

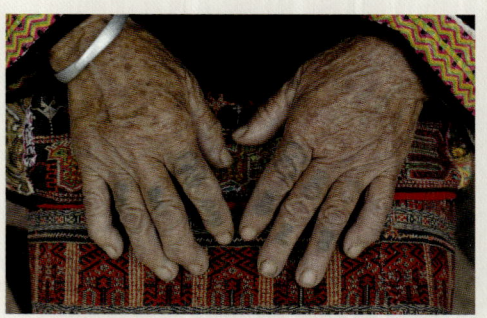

一、润方言

姓名：符功开	**口述**

出　　生：1929年生于元门乡向民村三队
部　　位：脸纹、颈纹、胸纹、背纹、腿纹、脚纹
拍摄时间：2008年10月11日
拍摄地点：白沙黎族自治县元门乡向民村委会老村

口述：我父母去世，父母姓名不能提（根据黎族当地习俗，去世后的人不能再被提其姓名，否则不祥），我家原住地白沙元门乡向民村三队；我14岁时由村里文身师免费文身，文身时从早上开始，共花5天文完，当时没有任何仪式。文身原因是害怕被国民党、日本军抓走。20岁结婚，与丈夫符雪又育有2男6女，从白沙县元门乡向民村三队嫁到本村。

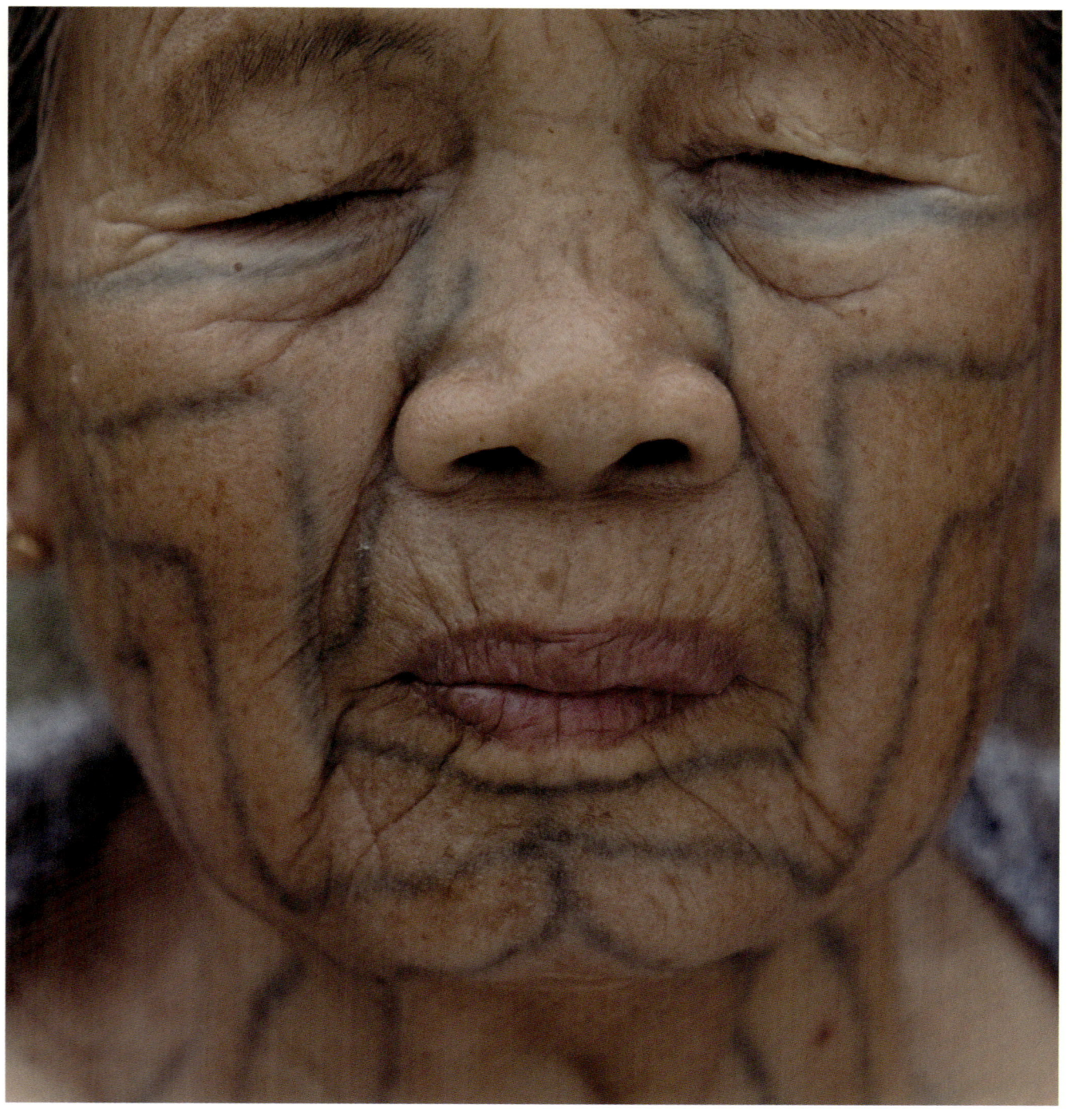

一、润方言

姓名：**符小女**

出　　生：1929年生于白沙牙叉镇桥南居委
会牙利新村
部　　位：脸纹、颈纹、胸纹、背纹、手纹、
腿纹、脚纹
拍摄时间：2008年10月14日
拍摄地点：海南省白沙黎族自治县牙叉镇桥南
居委会牙利新村

口述

我父亲符亚又，母亲符亚陈。原住地均为牙利新村。我13岁时，日军进村，担心被抓去卖，逃到山里，在山里生活。15岁时由文身师（邻居姐妹）免费文身，记得是在冬天的时候分3天文完全身的，用藤刺敲打，文完全身肿得厉害，很痛苦。文身时选择日子，属蛇所以选择蛇日文身，文身当日举行有简单仪式。我8岁订婚，28岁结婚，与丈夫符明仁生有4男2女，从白沙县牙叉镇桥南居委会牙利新村嫁到桥南居委会南仲村三队，后又搬回牙利新村居住。目前生活幸福。

姓名：符亚更

出　　生：1918年生于白沙元门乡向民村委
　　　　　会老村
部　　位：脸纹、颈纹、胸纹、背纹、腿纹、
　　　　　脚纹
拍摄时间：2008年10月11日
拍摄地点：海南省白沙黎族自治县元门乡向民
　　　　　村委会老村

口述

我父母已去世，我家原住地白沙元门乡向民村委会。我16岁时由文身师阿二免费文身，当时选择在中午开始分5天5次文完，没有任何仪式。文身原因是害怕被国民党和日军抓走。20岁结婚育有2男1女，从白沙县元门乡向民村嫁到本村。

一、润方言

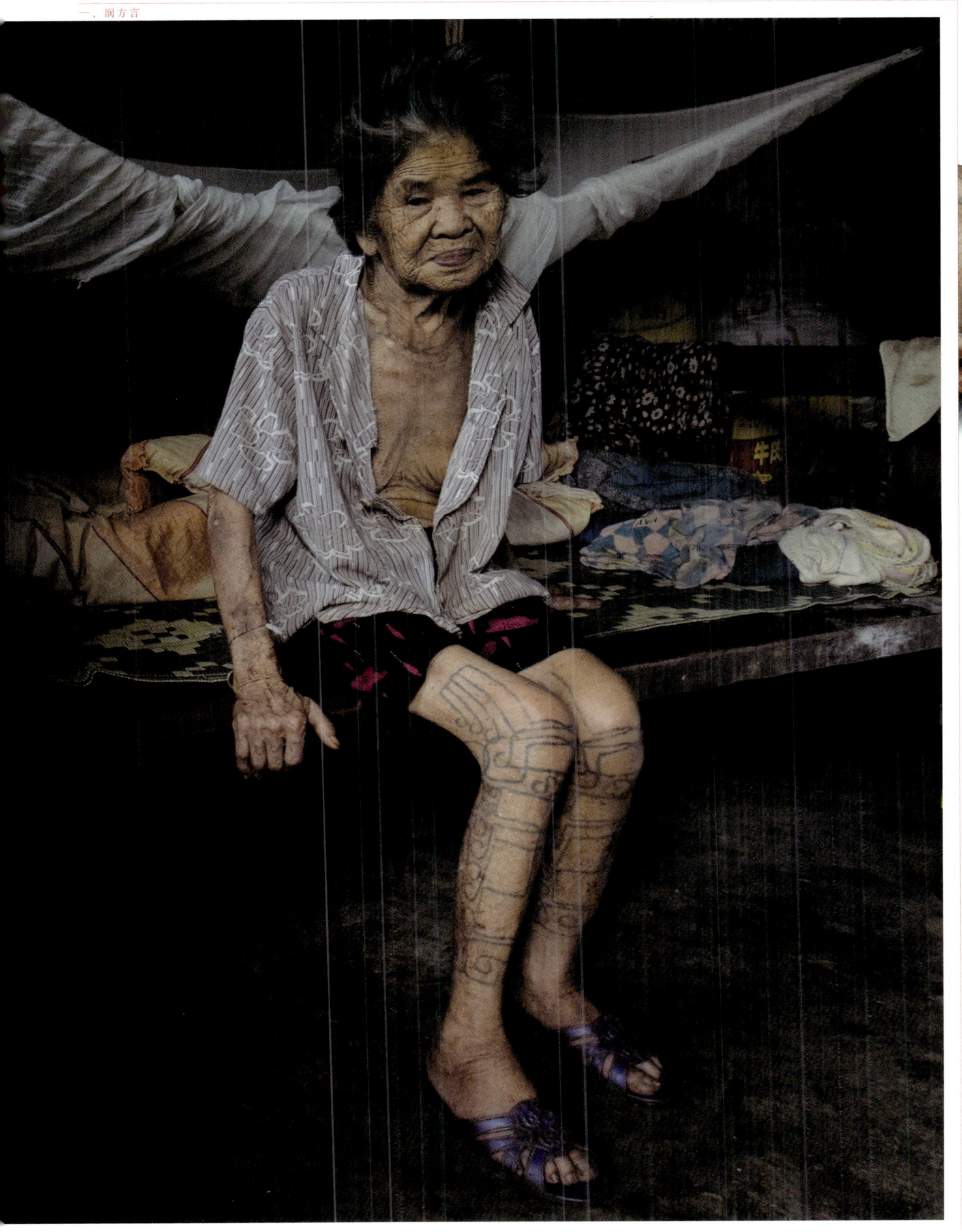

姓名：**符亚做**

出　　生：1932 年生于白沙县南开乡什付村
部　　位：脸纹、颈纹、胸纹、背纹、腿纹、脚纹
拍摄时间：2008 年 10 月 11 日
拍摄地点：海南省白沙黎族自治县元门乡向民村委会老村

口述

我父母已去世，父母姓名不能提（根据黎族当地习俗，去世后的人不能再被提其姓名，否则不祥），我家原住地白沙南开乡什付村。我 20 岁时由村里文身师免费给我文身，文身选择在早上开始，共花 2 天文完，当时没有任何仪式。文身原因是害怕被国民党和日本军抓走。20 岁结婚，育有 2 男 3 女，从白沙县南开乡什付村嫁到元门乡向民村三队。

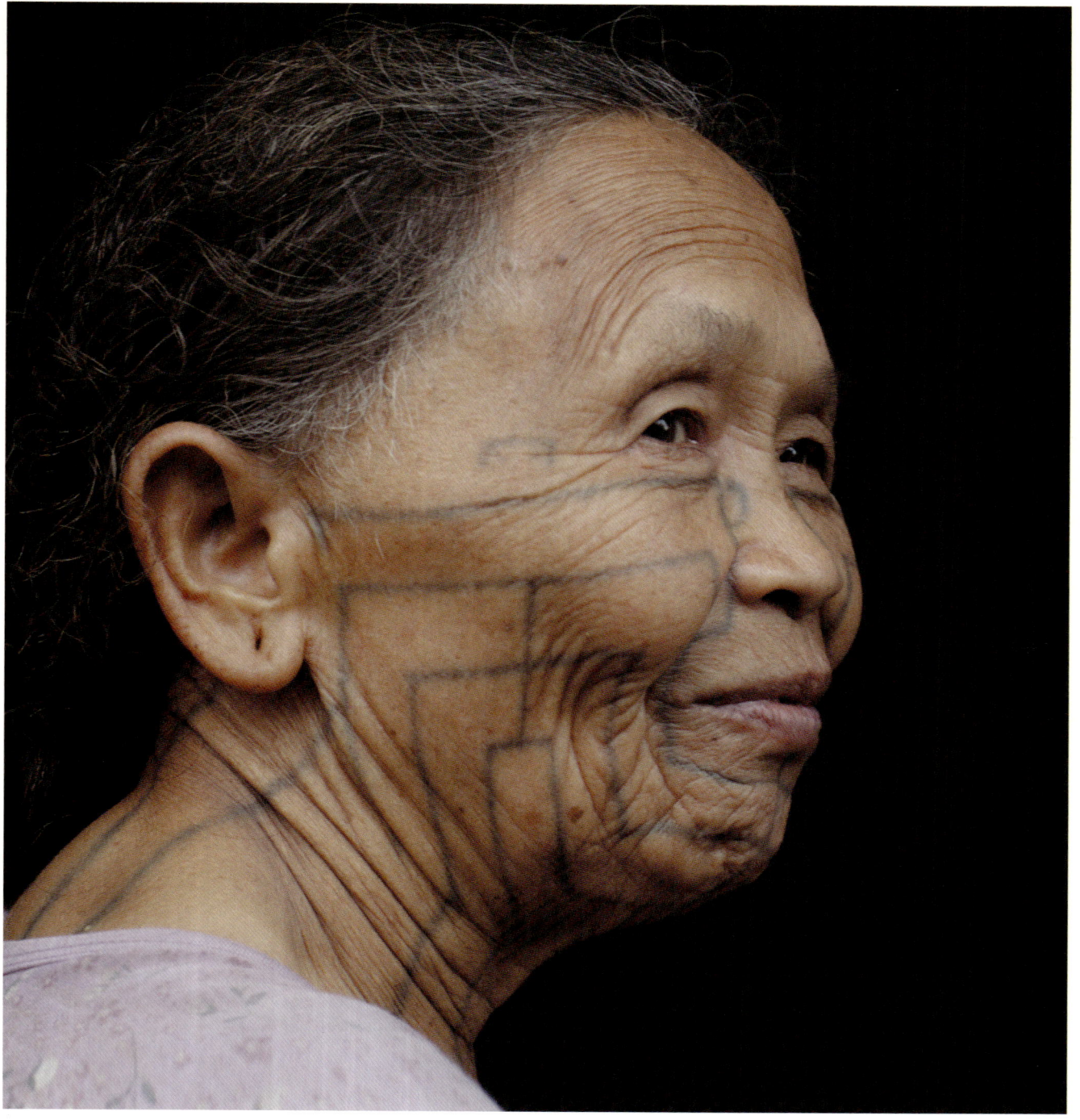

一、润方言

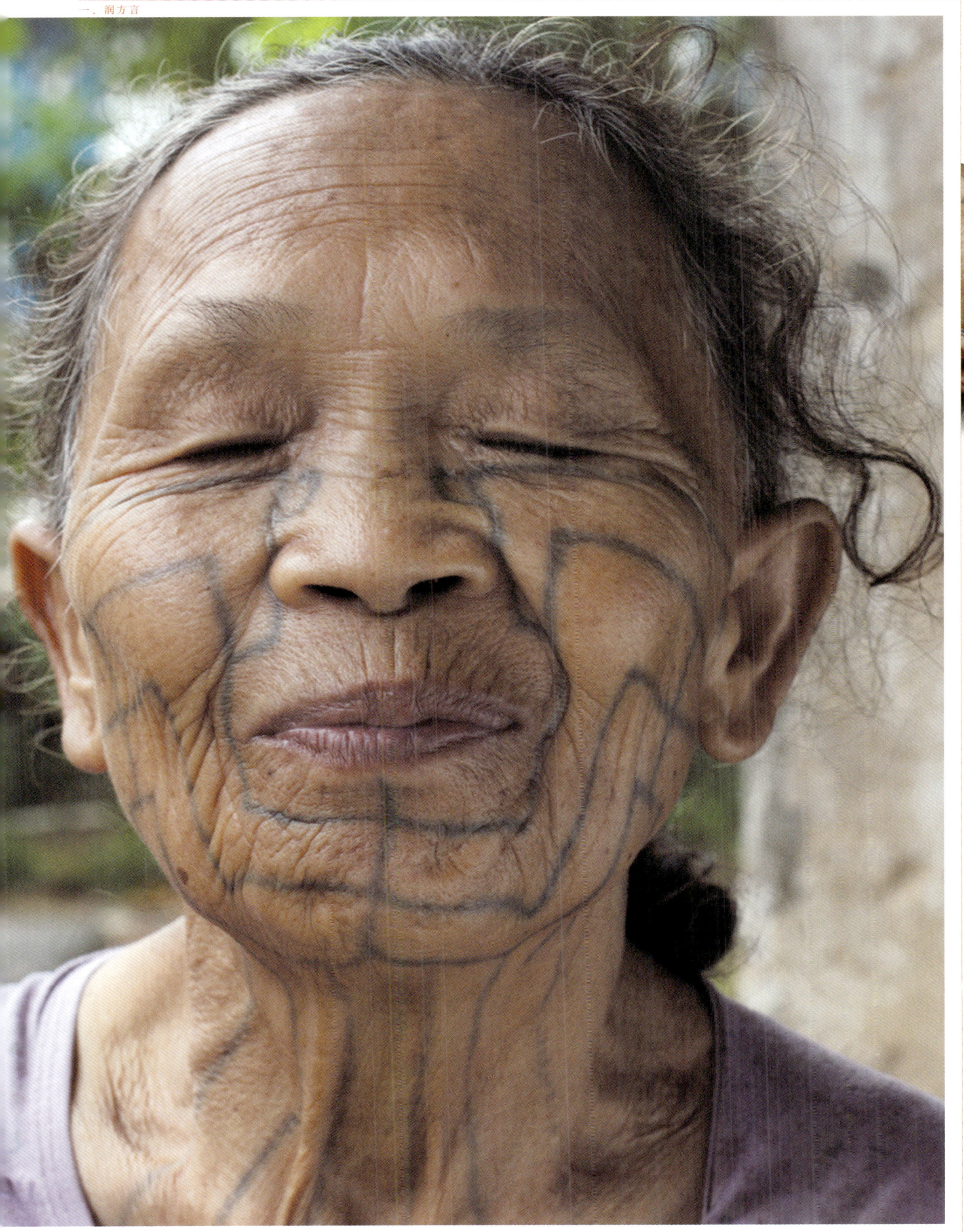

姓名：**符亚芽**

出　　生：1920 年生于白沙县元门乡福才村
部　　位：脸纹、颈纹、背纹
拍摄时间：2008 年 10 月 12 日
拍摄地点：海南省白沙黎族自治县元门乡向民村三队

口述

我父母已死亡，父母姓名不能提（根据黎族当地习俗，去世后的人不能再被提其姓名，否则不祥），父母原住地均在白沙县元门乡福才村。我 16 岁时由文身师（同村村民）免费文身，从上午开始，利用一天分 3 次文完。没有任何仪式。23 岁结婚（现丈夫已过世），生 2 男 4 女，从白沙县元门乡福才村村嫁到白沙县元门乡向民三队。

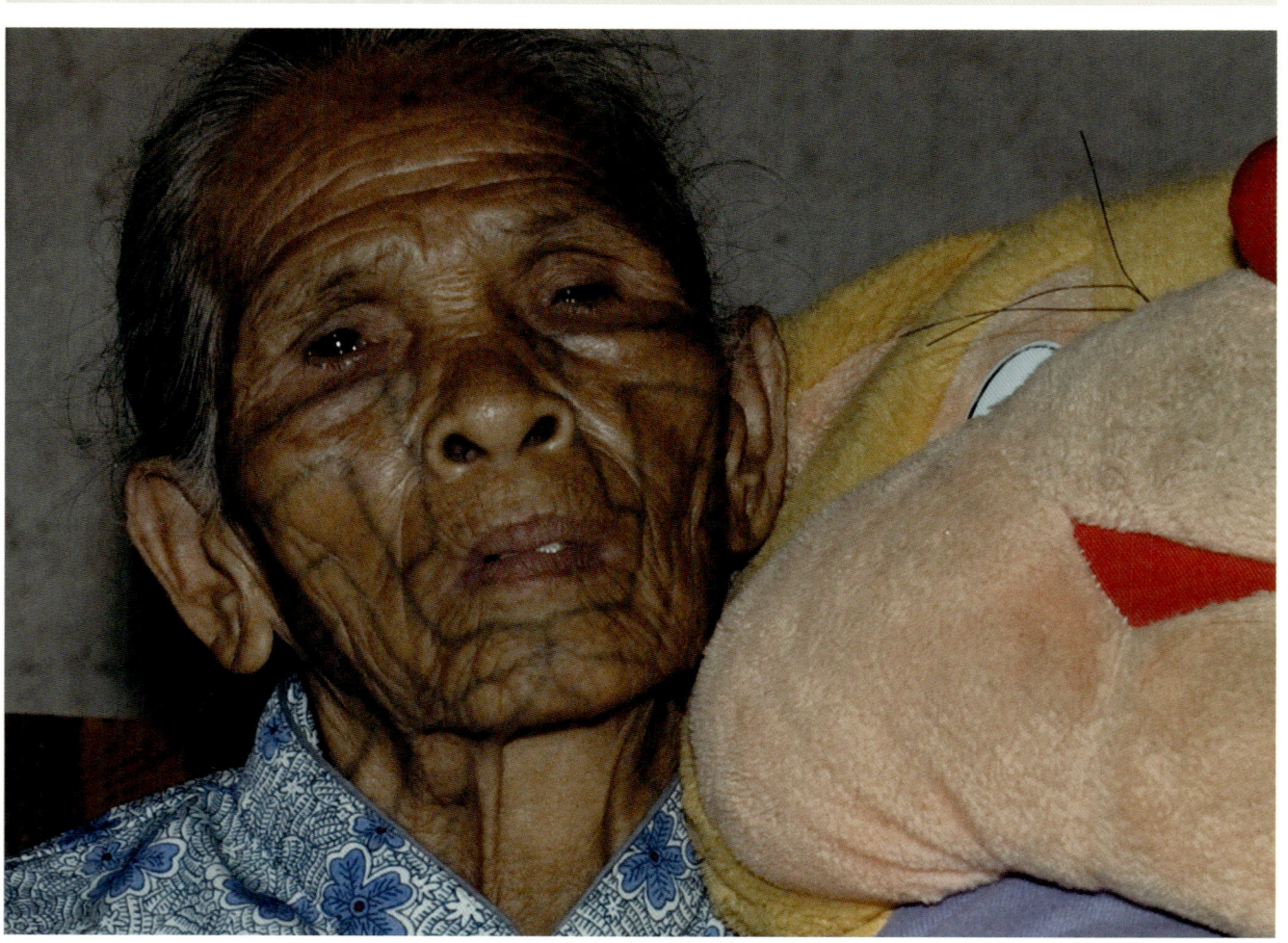

一、润方言

| 姓名：**王亚女** | 口述 |

出　　生：1923年生于白沙县牙叉镇道阜村委会什奋村
部　　位：脸纹、颈纹、胸纹、背纹、手纹、腿纹、脚纹
拍摄时间：2008年10月10日上午
拍摄地点：海南省白沙黎族自治县牙叉镇道阜村委会什奋村

父母亲去世，父母姓名不能提（根据黎族当地习俗，去世后的人不能再被提其姓名，否则不祥），父亲原住地牙叉镇道阜村委会什奋村，母亲原住地不清楚。我19岁时由村里文身师免费文身，文身从早上开始，一直文到下午完成，没有任何仪式。27岁结婚，与丈夫王亚安生2男2女，儿女皆长大成人，各自成家。

姓名：王凤女

出　　生：1929年生于白沙县牙叉镇道阜村委会莫马村
部　　位：脸纹、颈纹、胸纹、背纹、手纹（手指上）、腿纹、脚纹
拍摄时间：2008年10月10日上午
拍摄地点：海南省白沙黎族自治县牙叉镇道阜村委会什奋村

口述

我父母亲已去世，父母姓名不能提（根据黎族当地习俗，去世后的人不能再被提其姓名，否则不祥），父亲原住地牙叉镇道阜村委会莫马村，母亲原住地不清楚。我18岁时由村里文身师免费文身，从早上开始，一直到下午才完成，当时没有任何仪式。21岁结婚，与丈夫符光利生2男2女，从白沙县牙叉镇道阜村委会莫马村嫁到道阜村委会什奋村。

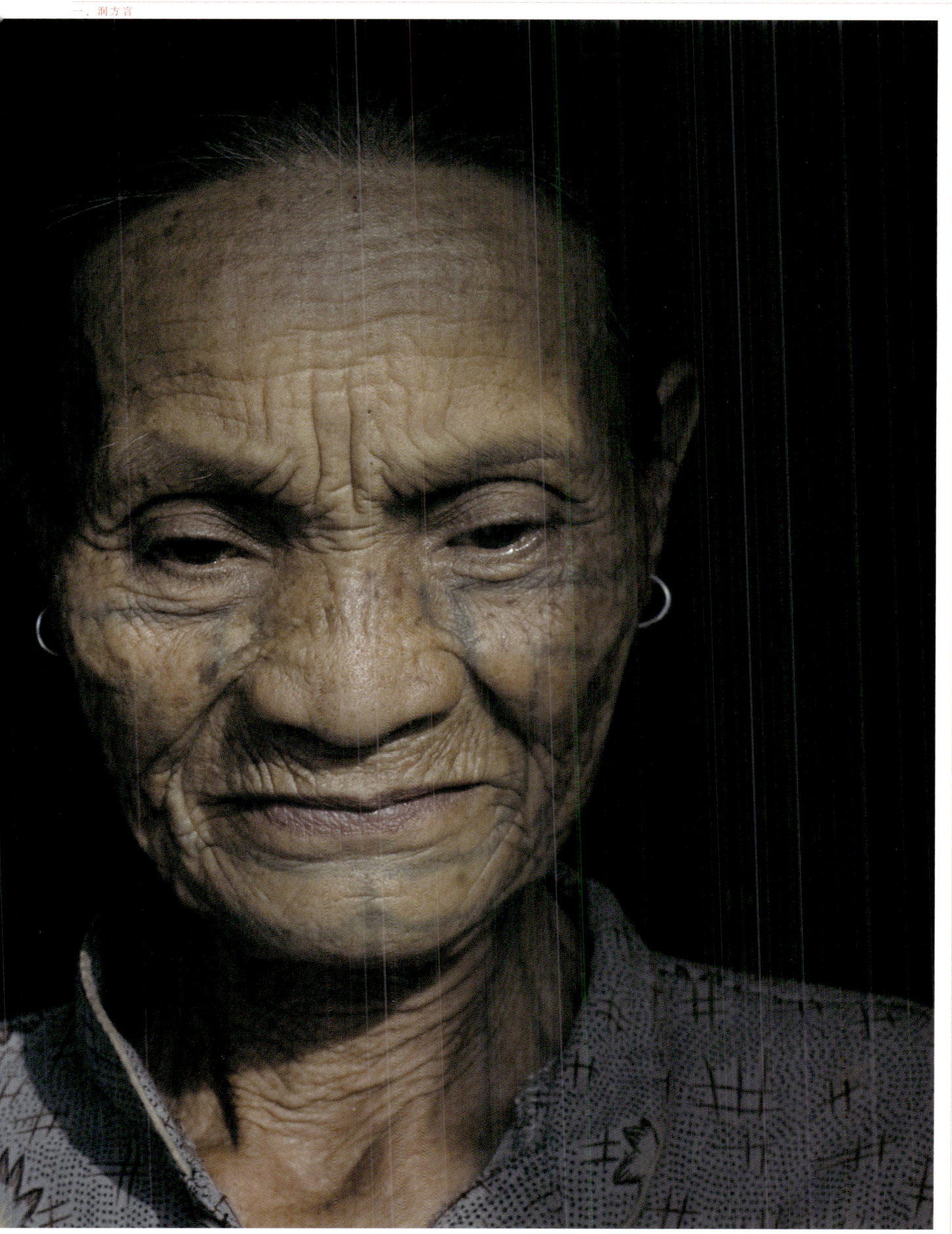

姓名：黄亚队	口述
出　　生：1931年生于白沙县牙叉镇牙凡村	我父母早已去世，父母姓名不能提（根据黎族当地习俗，去世后的人不能再被提其姓名，否则不祥），我家原住地在白沙县牙叉镇牙凡村。我16岁时由村里文身师免费文身，选择在中午分几年文完（16岁文脸、18岁文背、胸、颈、20岁文脚），文身时没有任何仪式。文身原因是小时候怕被人偷去卖，文身才是黎族标志，所以不会被卖掉。22岁结婚，与丈夫符阿玉生3男2女，从白沙县牙叉镇牙凡村嫁到白沙县牙叉镇牙炳三队。
部　　位：脸纹、颈纹、胸纹、背纹、手纹（手指上）、腿纹、脚纹	
拍摄时间：2008年10月13日下午	
拍摄地点：海南省白沙黎族自治县牙叉镇牙炳村三队	

一、润方言

姓名：符阿忧

出　　生：1921年生于白沙县牙叉镇牙炳村三队
部　　位：脸纹、颈纹、胸纹、背纹、手纹（手指上）、
　　　　　腿纹、脚纹
拍摄时间：2008年10月13日
拍摄地点：海南省白沙黎族自治县牙叉镇牙炳村四队

口述

我父亲符春光，我家原住地是白沙县牙叉镇牙炳村三队；母亲符么香，母亲原住地是白沙牙叉镇牙港中村。我16岁时由文身师（同村村民）免费文身，当时选择在冬天分三、四天文完，没有任何仪式。文身原因是小时候怕被人偷去卖，文身就有黎族标志，不会被卖掉。22岁结婚，与丈夫符元庆生3男6女，从白沙县牙叉镇牙炳三队嫁到牙炳四队。

姓名：**符亚兰**	口述
出　　生：1933年生于白沙县牙叉镇志针村委会志针村	我父亲符亚章，原住地白沙牙叉镇志针村，母亲符亚妹，原住地牙叉镇临高村。我15岁时由文身师也就是我母亲给我免费文身，文身从早上开始，一直到下午才完成，没有任何仪式。25岁那年从白沙县牙叉镇志针村委会志针村嫁到牙叉镇牙港村委会牙港上村，与丈夫符亚贵结婚，生5男3女。
部　　位：脸纹、颈纹	
拍摄时间：2008年10月10日	
拍摄地点：海南省白沙黎族自治县牙叉镇牙港村委会牙港上村	

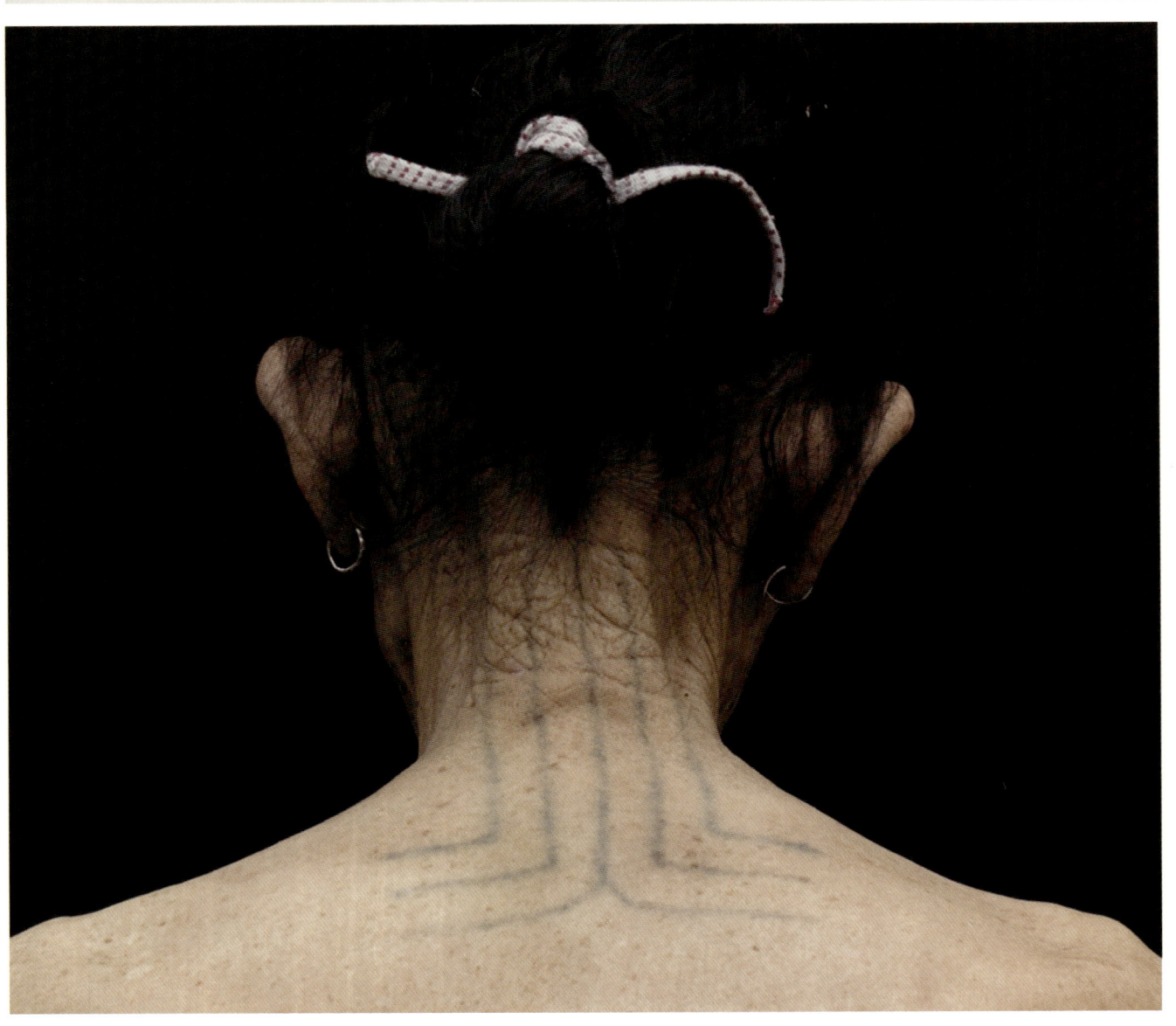

一、润方言

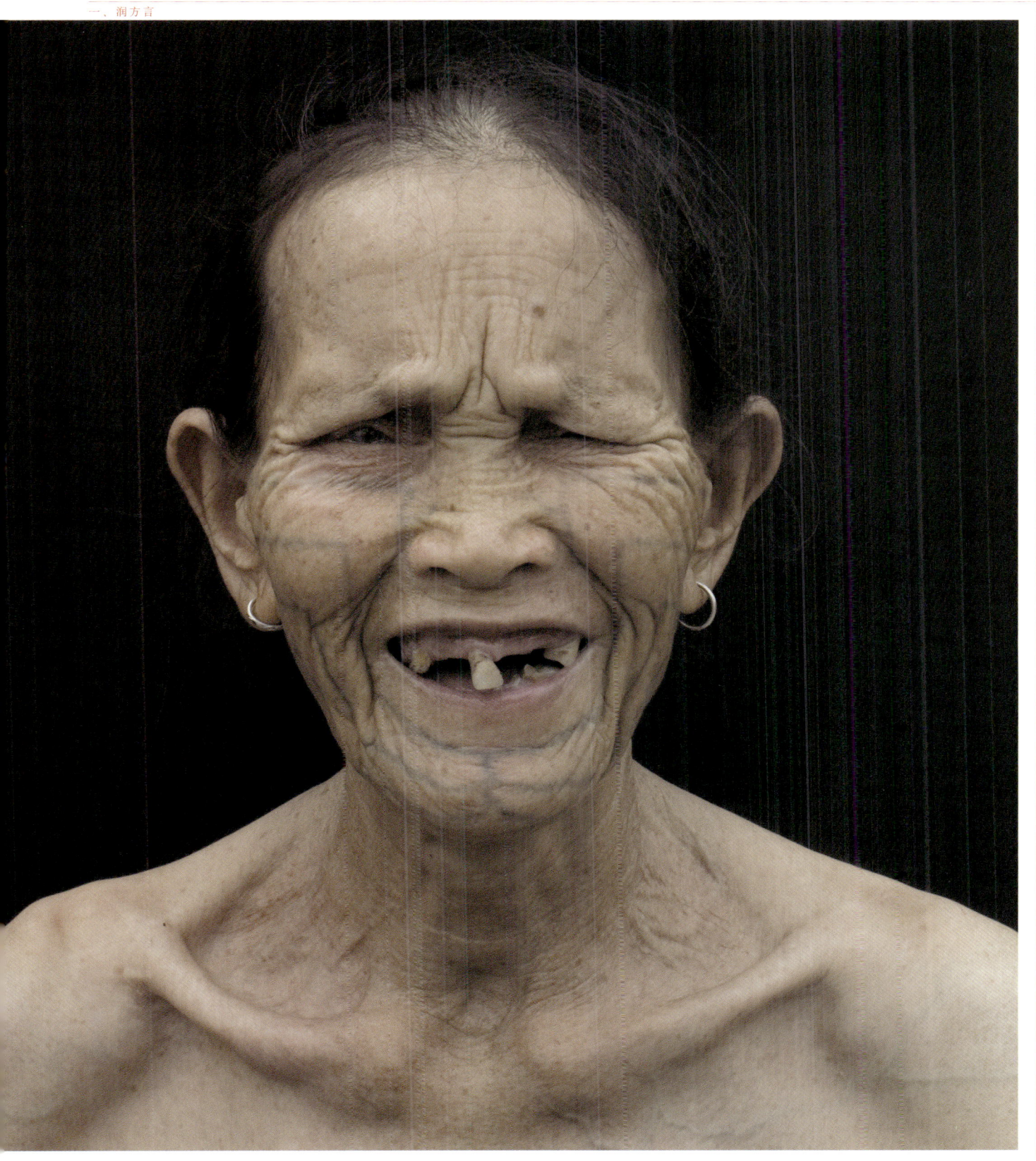

姓　　名：符亚彩

出　　生：1923年生于白沙县牙叉镇桥南居
　　　　　委会南仲村
部　　位：脸纹、胸纹、颈纹、背纹、手纹（手
　　　　　指部位）、腿纹、脚纹
拍摄时间：2008年10月14日
拍摄地点：海南省白沙黎族自治县牙叉镇桥南
　　　　　居委会牙利新村

口述

我父母亲已去世，父母姓名不能提（根据黎族当地习俗，去世后的人不能再被提其姓名，否则不祥），父母原住地均为白沙县牙叉镇桥南居委会南仲村。我15岁时由文身师（邻居）免费文身。在3月的时候分三、四天文完，无任何仪式。文身原因是担心被抓去卖掉。我30岁时从白沙县牙叉镇桥南居委会南仲村嫁到白沙县牙叉镇桥南居委会牙利新村，与丈夫符元清结婚后生有3个男孩。

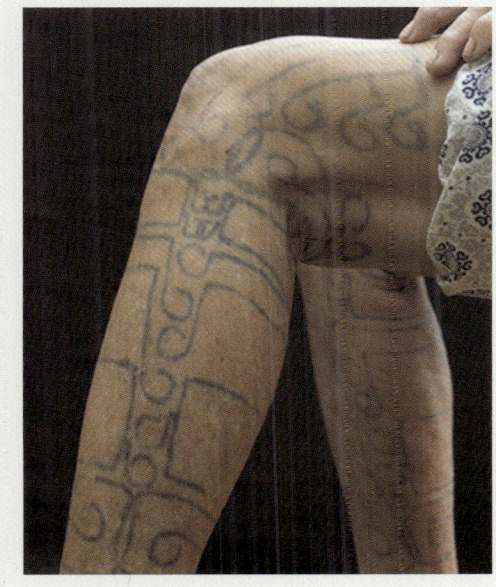

一、润方言

姓　　名：**符亚仁**

出　　生：1923年（党证上是1928年10月）生于白沙县牙叉镇牙浩上村

部　　位：脸纹、颈纹、胸纹、背纹、手纹（手指上）、腿纹、脚纹

拍摄时间：2008年10月13日

拍摄地点：海南省白沙黎族自治县牙叉镇牙炳村二队

口述

我没上过学，是文盲。在1972年5月加入中国共产党，曾经是村里的妇女主任、队长。我父母已去世，父母姓名不便提（根据黎族当地习俗，去世后的人不能再被提其姓名，否则不祥），我原住地在白沙县牙叉镇牙港上村。15岁时由文身师（同村村民）免费文身，当时选择在12月份花5天文完，没有任何仪式。19岁时从白沙县牙叉镇牙港上村嫁到白沙县牙叉镇牙炳二队，与丈夫符贵文结婚，生3男2女。

姓名：**符才女**

出　　生：1925年生于白沙县牙叉镇志针村
部　　位：脸纹、颈纹、胸纹、背纹、手纹、腿纹、脚纹
拍摄时间：2008年10月10日上午
拍摄地点：海南省白沙黎族自治县牙叉镇牙港村委会牙港上村

口述

我父母已去世，父母姓名不便提（根据黎族当地习俗，去世后的人不能再被提其姓名，否则不祥）。父亲原住地白沙牙叉镇志针村，母亲原住地牙叉镇浪崖村。我30岁时由文身师（同村同伴）免费文身，从早上开始，一直文到下午完成，没有任何仪式。文身部位与身穿的黎族筒裙、服饰有关。我32岁那年从白沙县牙叉镇志针村嫁到白沙县牙叉镇牙港村委会牙港上村，与丈夫符清刚结婚生5男1女。

一、润方言

姓名：符亚电

出 生：1918年生于白沙县元门乡向民村委会老村

部 位：脸纹、颈纹、胸纹、背纹、腿纹、脚纹

拍摄时间：2008年10月11日

拍摄地点：海南省白沙黎族自治县元门乡向民村委会老村

口述

我父母去世，父母姓名不便提（根据黎族当地习俗，去世后的人不能再被提其姓名，否则不祥），我家原住地元门乡向民村委会。我16岁时由文身师阿en（音）免费文身，选择在上午一次文完，没有任何仪式。文身原因是怕被国民党、日军抓走。16岁结婚，嫁了几任丈夫，与最后的丈夫符大造生3男3女，从白沙县元门乡向民村嫁本村。

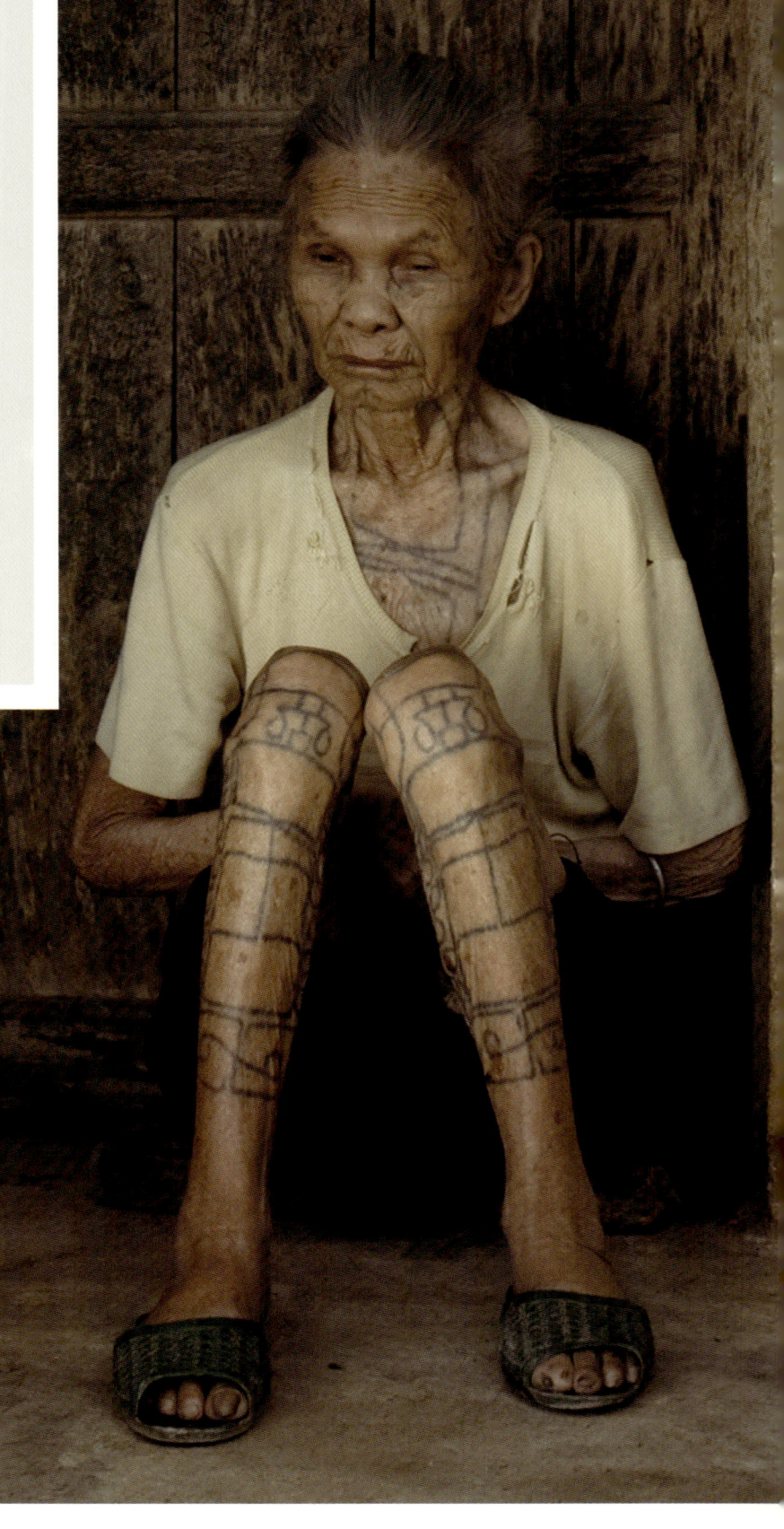

姓名：符亚四	口述
出　　生：1939年生于白沙县牙叉镇牙凡村	我父母亲已去世，父母姓名不便提（根据黎族当地习俗，去世后的人不能再被提其姓名，否则不祥），父亲原住地牙叉镇牙港上村，母亲原住地牙叉镇牙凡村。我15岁时由母亲帮我文身，分几年方文完，一般都是从早上开始文，一直文到下午。15岁时文脸，16岁时文颈部，20岁时文脚，没有任何仪式。18岁结婚，丈夫已去世名字不便透露，共生5男2女，从白沙县牙叉镇牙凡村嫁到白沙县牙叉镇牙港村委会牙港上村。
部　　位：脸纹、颈纹、胸纹、背纹、手纹（手指上）、腿纹、脚纹	
拍摄时间：2008年10月10日上午	
拍摄地点：海南省白沙黎族自治县牙叉镇牙港村委会牙港上村	

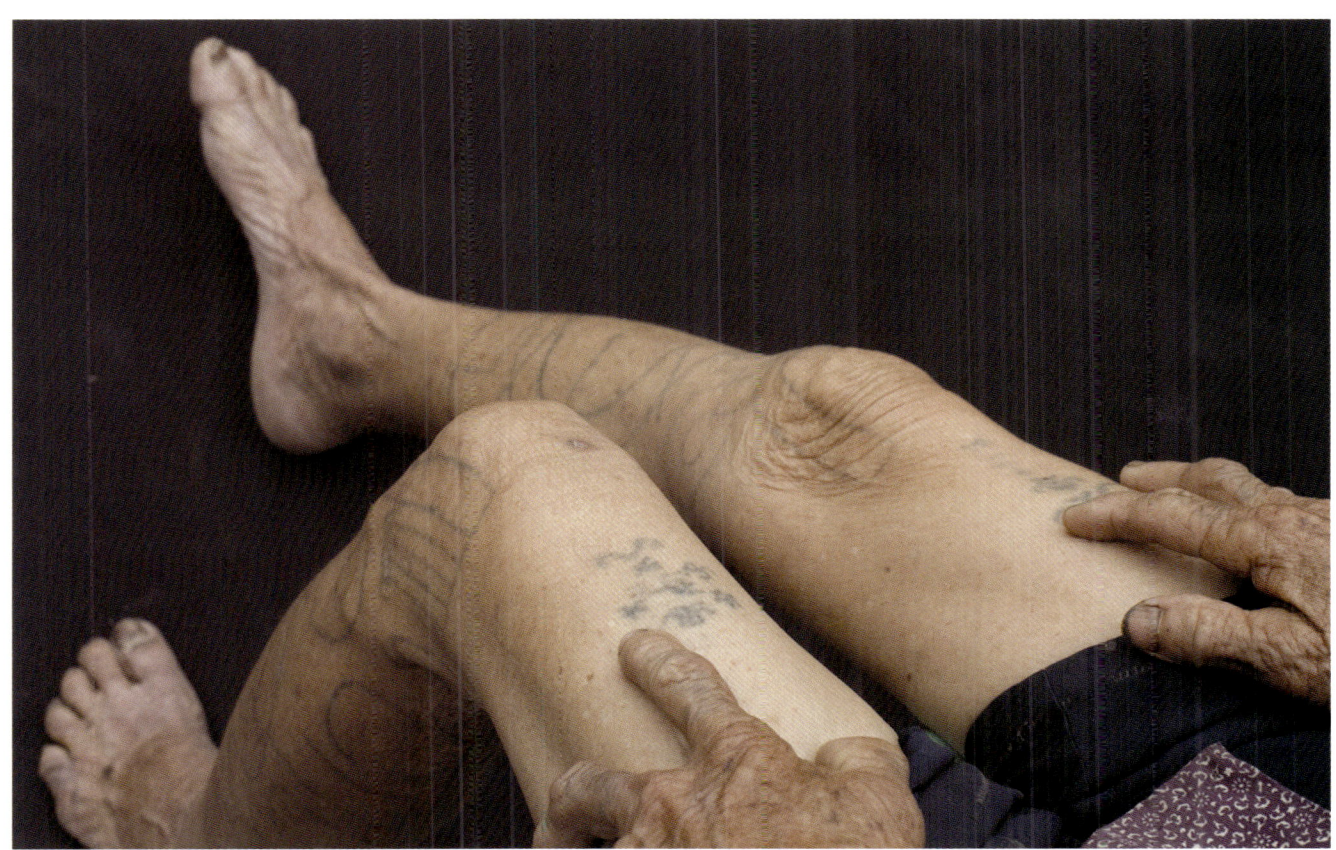

姓名：符波任

出　　生：1927年生于白沙县元门乡向民村二队
部　　位：脸纹、颈纹、胸纹、背纹
拍摄时间：2008年10月12日
拍摄地点：海南省白沙黎族自治县元门乡翁村四队

口述

我父母已去世，父母原住地均在白沙县元门乡向民村二队。我12岁时由文身师（同村村民）免费文身，当时在山里文身。文身当天从中午开始，利用一天文完，没有任何仪式。文身原因是为了躲避战乱，年轻时候为躲避战乱基本在山里度过，在山上靠野果为生、由父母送饭吃。17岁结婚，从白沙县元门乡向民村二队嫁到元门乡翁村四队，与丈夫（已过世）共生了11个孩子，当年在山里很艰辛地养育孩子，最后只存活7个。

一、润方言

美孚方言区

主要分布在海南岛昌化江中游和下游的东方和昌江两市县境内。

美孚方言的纹式

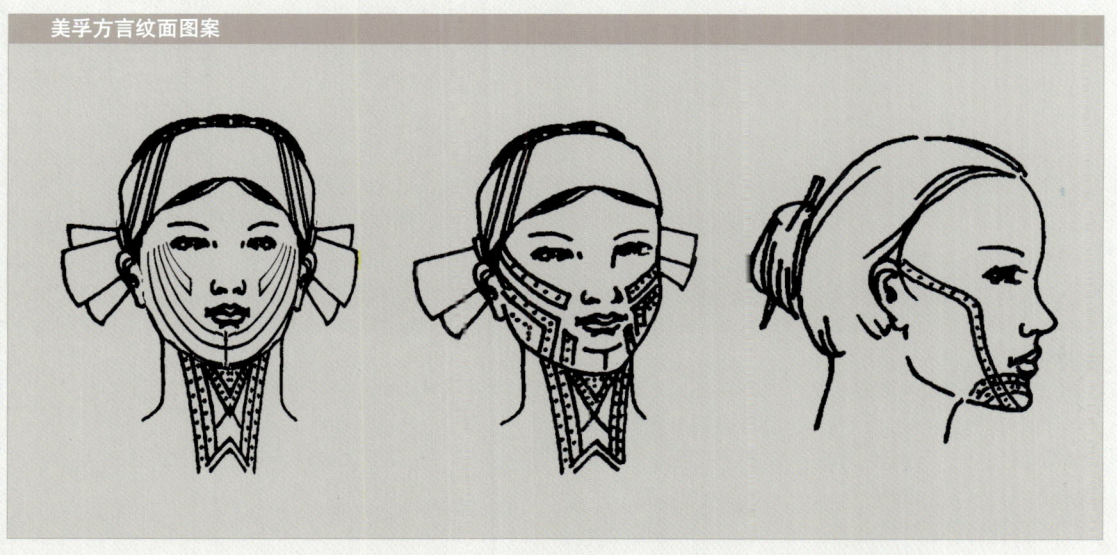

美孚方言纹面图案

美孚方言的纹式

美孚方言的纹式与润方言的纹式不同，而且刺得更多，其刺纹是由细直线和小点构成的图案，呈正方形。

面纹：
面纹在条纹中间由散点点线结合成美丽图案，连接耳朵后面的颈部图式，点线结合，连成一片，有的缀上两个圆圈，圆圈中间也有点。

胸纹：
美孚方言的胸纹有别于润方言，她们的图式是由两片长方形的线点合一的图式构成，从脖子底下一直画到乳上。胸前的角度线纹成五道，位于颈之两旁，经锁骨斜行，于胸前两片长方格重于胸前乳上部。这是美孚方言胸纹的特征，与润方言的胸纹迥异。

腿纹：
从膝盖以下，以曲线条纹连接而下，以三条直线为一组，环腿前后纹饰。这种纹路，在两膝盖处都有一大圆圈散点的纹图。

小腿腿纹以交叉条纹构成，到脚踝处，有两圈散点组成环形图案，形成斑斓美感。

在小腿的线条中间，各加两块方形的图案，在方块内又有线条，其空隙处填满点状图式。

腿上的方式有的两腿各不相同，一边为一块，一边为两块，而且方块的形式有变换，在周边加上各式花边。

腿纹画上蛙型图案。

脚掌上刻上点状花纹。

在斜纹线条中，又添上各块图案，脚踝处又画多层的方型线条。

有的两腿纹路简洁，两边有条状线纹，中间画两小块花纹。

腿纹极其复杂，这些因人而异的图案，从中可以窥见，在民族文化传统中，每一位文身者都发挥她在一定历史条件下的想象力，民间的艺术天才展现在人体之中。

手纹：
比较简单，有的是刻上两层角线直纹，有的在直纹上刻上自己的名字，有的在手背上刻上方块的图案，方块图内以散点构成。

美孚方言的花纹要素有直线、斜线、曲线、散点四类。

二、美孚方言

美孚方言花纹要素

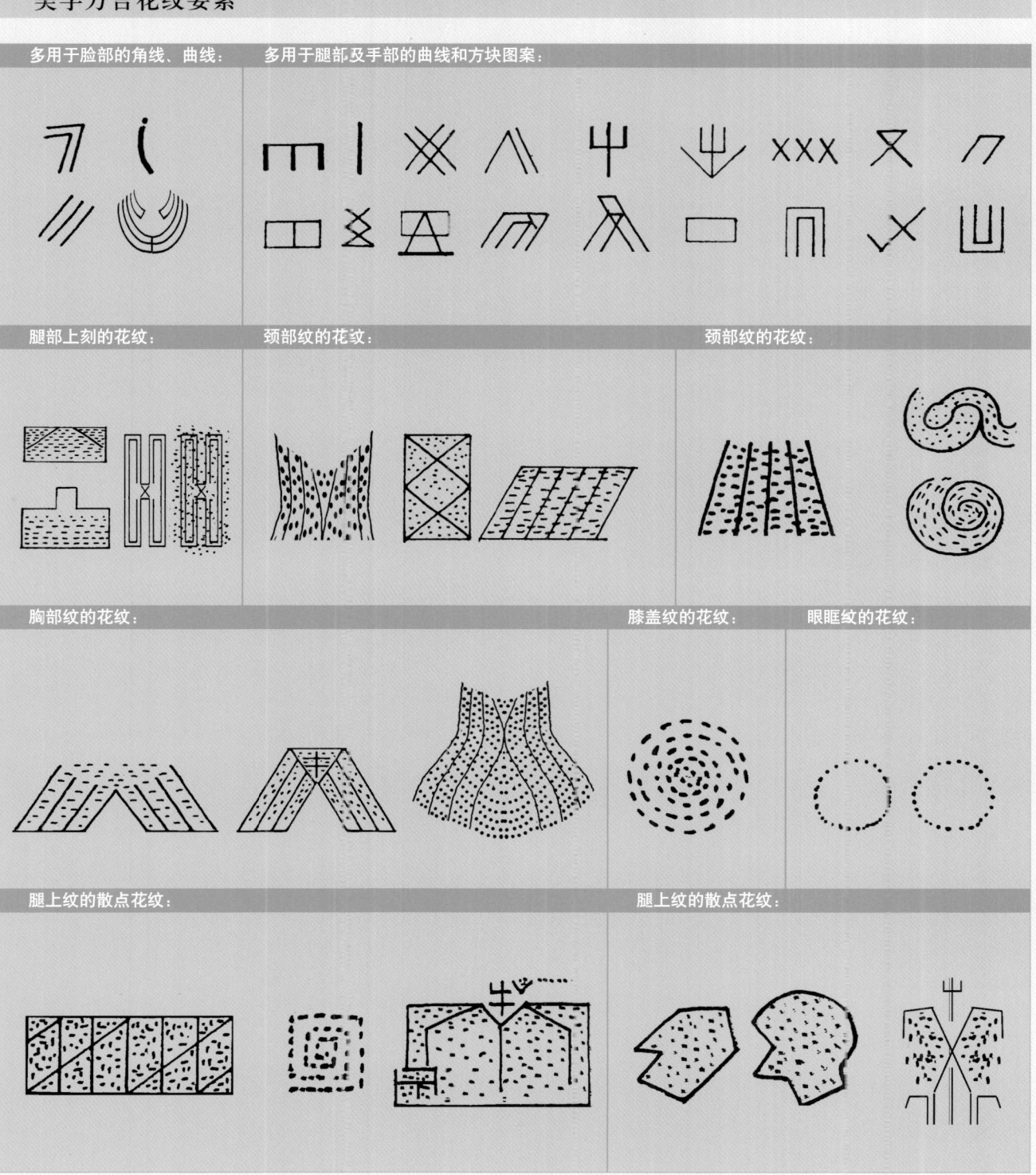

（本页图文：周伟民、唐玲玲；摘自王学萍主编的《中国黎族》一书，略有修补。）

姓名：**符亚五**

出　　生：1946年生于东方市江边乡布温村
部　　位：脸纹、颈纹、胸纹、手纹、脚纹
拍摄时间：2008年10月16日
拍摄地点：海南省东方市江边乡江边村

口述
___

我父母均已去世，父母姓名不便提（根据黎族当地习俗，去世后的人不能再被提其姓名，否则不祥），父母原住地均在东方市江边乡布温村。我14岁时由村里文身师免费文身，当时选择在夏天时花费4天时间文完，没有任何仪式。20岁时从东方市江边乡布温村嫁到江边乡江边村。共嫁两次，与丈夫（符英祝，第二任丈夫）生3男3女，目前子女均已长大成家。

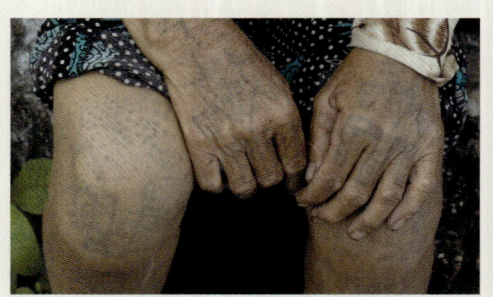

2008年10月7日,海南省东方市江边乡布温村委会布温村,黎族美孚方言区的文身妇女们。

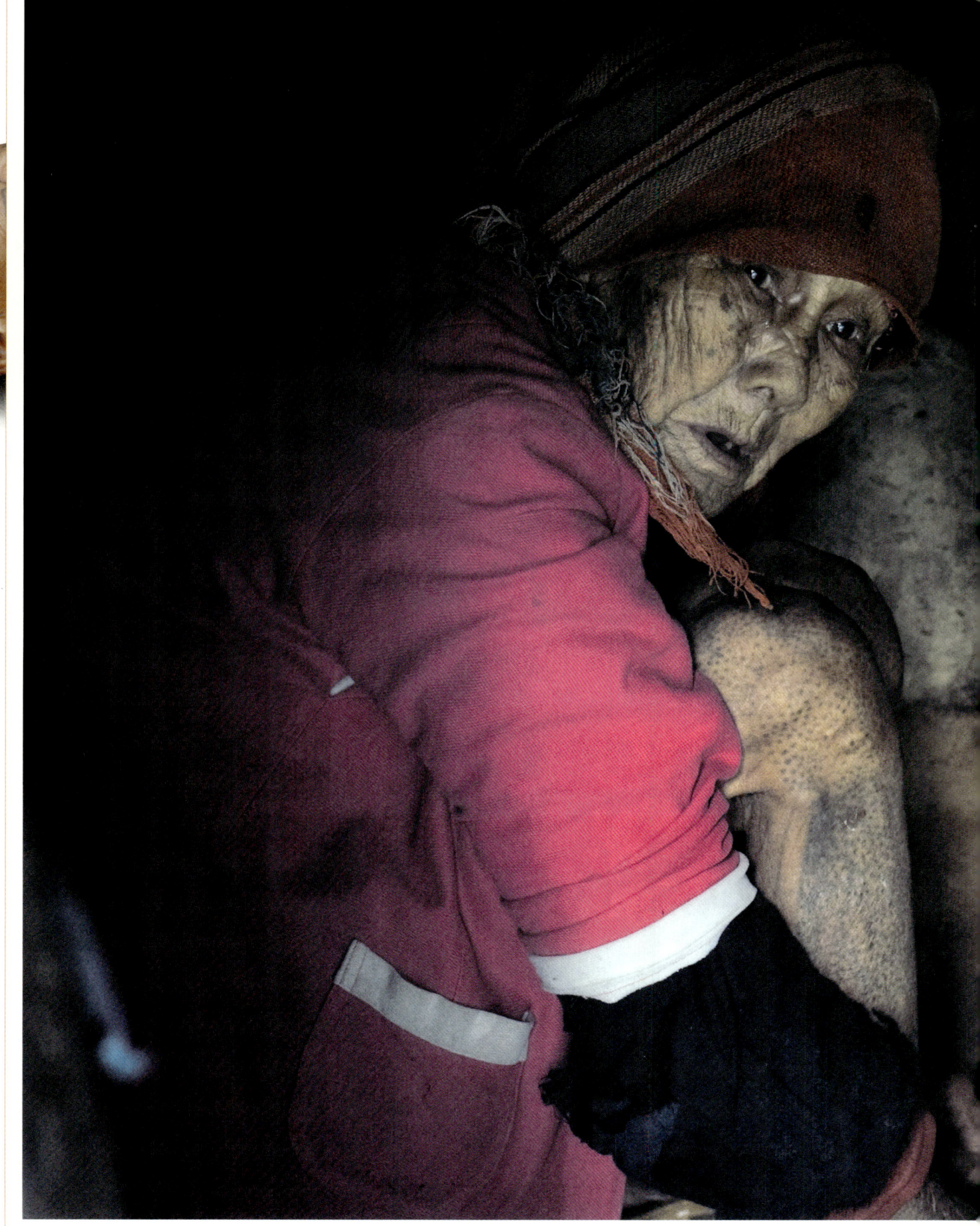

二、美孚方言

姓名：**符亚玉**

出　　生：1922 年生于东方市江边乡国界村
部　　位：脸纹、颈纹、胸纹、手纹、脚纹
拍摄时间：2008 年 10 月 16 日
拍摄地点：海南省东方市江边乡白查村

口述

我父母均已去世，父母姓名不便提（根据黎族当地习俗，去世后的人不能再被提其姓名，否则不祥），父母原住地均在东方市江边乡国界村。我 10 岁时由村里文身师免费文身，当时在冬天里共花费 5 天多才文完，没有任何仪式。20 岁时从东方市江边乡国界村嫁到江边乡白查村。与丈夫（已去世）生两个男孩。

二、美孚方言

在村口睡觉的阿婆。

姓名：符亚安

出　　生：1944年生于东方市江边乡那文村
部　　位：脸纹、颈纹、胸纹、手纹、腿纹、脚纹
拍摄时间：2008年10月16日
拍摄地点：海南省东方市江达乡白查村

口述

我父母已去世，父母姓名不便提（根据黎族当地习俗，去世后的人不能再被提其姓名，否则不祥），我家原住地在东方市江边乡那文村。我三四岁时由妈妈帮我文身，选择在夏天花费3天文完，没有任何仪式。我16岁时从东方市江边乡那文村嫁到江边乡白查村　与丈夫符陈力生1男3女。

二、美孚方言

姓名：**符颜弟**

出　　生：1926 年出生
部　　位：脸纹、颈纹、胸纹、手纹、脚纹
拍摄时间：2008 年 10 月 17 日
拍摄地点：海南省东方市江达乡白查村

口述

我父母亲均已去世，父母原住地不详。我七八岁时由文身师（村里人）免费文身，无任何仪式。丈夫已去世，结婚年龄忘记了　生有两个儿子。

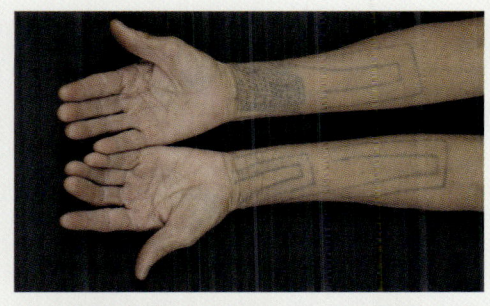

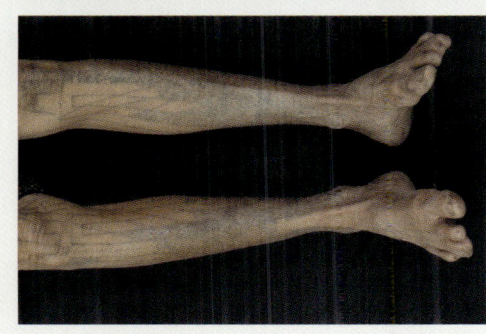

二、美孚方言

姓名：**符亚列**

出　　生：1939年生于东方市江边乡江边村
部　　位：脸纹、颈纹、胸纹、手纹、脚纹
拍摄时间：2008年10月16日
拍摄地点：海南省东方市江边乡江边村

口述

我父母均已去世，父母姓名不便提（根据黎族当地习俗，去世后的人不能再被提其姓名，否则不祥），父母原住地均在东方市江边乡江边村。我10多岁时由妈妈帮我文身，文身时间选择在过年时共花费7天半才文完，没有任何仪式。我18岁时与本村符派弟结婚，生有1男6女，目前子女均长大成家。

姓名：符阿芬

出　　生：1934年出生
部　　位：脸纹、颈纹、胸纹、手纹、脚纹
拍摄时间：2008年6月25日
拍摄地点：海南省东方市江边乡俄查村

二、美孚方言

姓名：**符亚兵**

出　　生：1955年生于东方市江边乡布温村
部　　位：脸纹、手纹
拍摄时间：2008年10月17日
拍摄地点：海南省东方市江达乡布温村委会布温村

口述

我父亲已去世，母亲符亚芬仍健在，父母原住地均在布温村。我12岁时由村里文身师以吃饭为报酬帮我文身，在冬天里一天文完，无任何仪式。20岁时嫁给本村符亚德，共生4个儿子。

姓名：符亚包

出　　生：1938年出生于东方市江边乡江边村

部　　位：脸纹、颈纹、胸纹、手纹、脚纹

拍摄时间：2008年10月17日

拍摄地点：海南省东方市江边乡布温村委会布温村

口述

我父母亲均已去世，父母家原住地均在江边乡江边村。我16岁时由妈妈帮我文身，在冬天里花5天文完，当时无任何仪式。我16岁从东方市江边乡江边村嫁到江边乡布温村，与丈夫（已过世）生有3个儿子。

二、美孚方言

姓名：符亚芬

出　生：1936年生于东方市江边乡布温村
部　位：脸纹、颈纹、胸纹、手纹、脚纹
拍摄时间：2008年10月17日
拍摄地点：海南省东方市江边乡布温村委会布温村

口述

我父母亲已去世，他们原住地均在本地布温村。我13岁时由村里人以吃饭、给棉被为报酬帮我文身，当时是在冬天里分5天文完，无任何仪式。21岁时嫁与本村的丈夫（现已过世），生有3个女儿。

姓名：符阿奋

出　　生：1943年生于东方市
部　　位：脸纹、颈纹、胸纹、手纹、脚纹
拍摄时间：2008年6月25日
拍摄地点：海南省东方市江边乡俄查村

口述

我父母亲已经去世，父母姓名不便提（根据黎族当地习俗，去世后的人不能再被提其姓名，否则不祥）。我10岁多时，由邻村人帮忙免费文身。

二、美孚方言

姓名：符简弟

出　　生：1943年生于东方市江边乡白查村
部　　位：脸纹、颈纹、胸纹、手纹、脚纹
拍摄时间：2008年10月16日
拍摄地点：海南省东方市江边乡白查村

口述

我父母均已去世，父母姓名不便提（根据黎族当地习俗，去世后的人不能再被提其姓名，否则不祥）。父母原住地均在江边乡白查村。我17岁时由村里人免费帮忙文身，当时选择在冬天花费5天时间才文完，没有任何仪式。20岁，嫁与本村丈夫，丈夫现已去世，姓名不提。生4男1女。

二、美孚方言

姓名：符亚牛

出　　生：1948年生于东方市江边乡国界村
部　　位：脸纹、颈纹、胸纹、手纹、脚纹
拍摄时间：2008年10月16日
拍摄地点：海南省东方市江边乡白查村

口述

我父母已经去世，根据当地习俗不能提名字，父母原住地均在江边乡国界村。我10岁时由同村人免费帮忙文身，当时选择在冬天里共花费5天时间文完，没有任何仪式。20岁时从东方市江边乡国界村嫁到江边乡白查村，与丈夫符新办生1男2女。

二、美孚方言

姓名：符亚康

出　　生：1928年生于东方市江边乡干沟
部　　位：脸纹、颈纹、胸纹、手纹、脚纹
拍摄时间：2008年10月16日
拍摄地点：海南省东方市江边乡白查村

口述

我父母均已去世，父母姓名不能提（根据黎族当地习俗，去世后的人不能再被提其姓名，否则不祥），父母原住地均在东方市大田镇报英村。我16岁时由村里人免费帮忙文身，当时选择在中午花费6天时间才文完，没有任何仪式。结婚年龄忘记了，与丈夫（符亚该）生两男四女，我是从东方市大田镇报英村嫁到东方市江边乡江边村委会江边老村的。

姓名：符亚芬

出　　生：1938年生于东方市江边乡白查村
部　　位：脸纹、颈纹、胸纹、手纹、腿纹、脚纹
拍摄时间：2008年10月16日
拍摄地点：海南省东方市江边乡白查村

口述

我父母亲已去世，父母姓名不便提（根据黎族当地习俗，去世后的人不能再被提其姓名，否则不祥），我家原住地在江边乡白查村，"亚芬"在当地指孤儿的意思。我六七岁时由村里的文身师免费文身，当时选择在夏天里花费10多天才文完，文身时没有任何仪式。我18岁时嫁给本村符俄记，生2男2女。

二、美孚方言

| 姓名：符亚卫 | 口述 |

出　　生：1941年生于东方市大田镇报英村
部　　位：脸纹、颈纹、胸纹、手纹、脚纹（至膝盖处）
拍摄时间：2008年10月16日
拍摄地点：海南省东方市江边乡江达村委会江边老村

我父母均已去世，父母姓名不便提（根据黎族当地习俗，去世后的人不能再被提其姓名，否则不祥）。我家原住地在东方市大田镇报英村。我16岁时由村里人免费帮忙文身，当时选择在中午花费6天时间才文完，文身时没有任何仪式。结婚年龄忘记了，与丈夫（符亚该）生2男4女。我是从东方市大田镇报英村嫁到东方市江边乡江边村委会江边老村的。

姓名：符亚听

出　　生：1931年生于东方市江边乡新明村
部　　位：脸纹、颈纹、胸纹、手纹、脚纹（至膝盖处）
拍摄时间：2008年10月16日
拍摄地点：海南省东方市江边乡江边村委会江边老村

口述

我父母均已去世，父母姓名不便提（根据黎族当地习俗，去世后的人不能再被提其姓名，否则不祥）。父母亲原住地均在东方市江边乡新明村。我17岁时由村里人免费帮忙文身，在冬天花费6天多时间才文完，没有任何仪式。我20岁结婚，与丈夫（已去世）生2个男孩，从东方市江边乡新明村嫁到江边乡江边村委会江边老村。

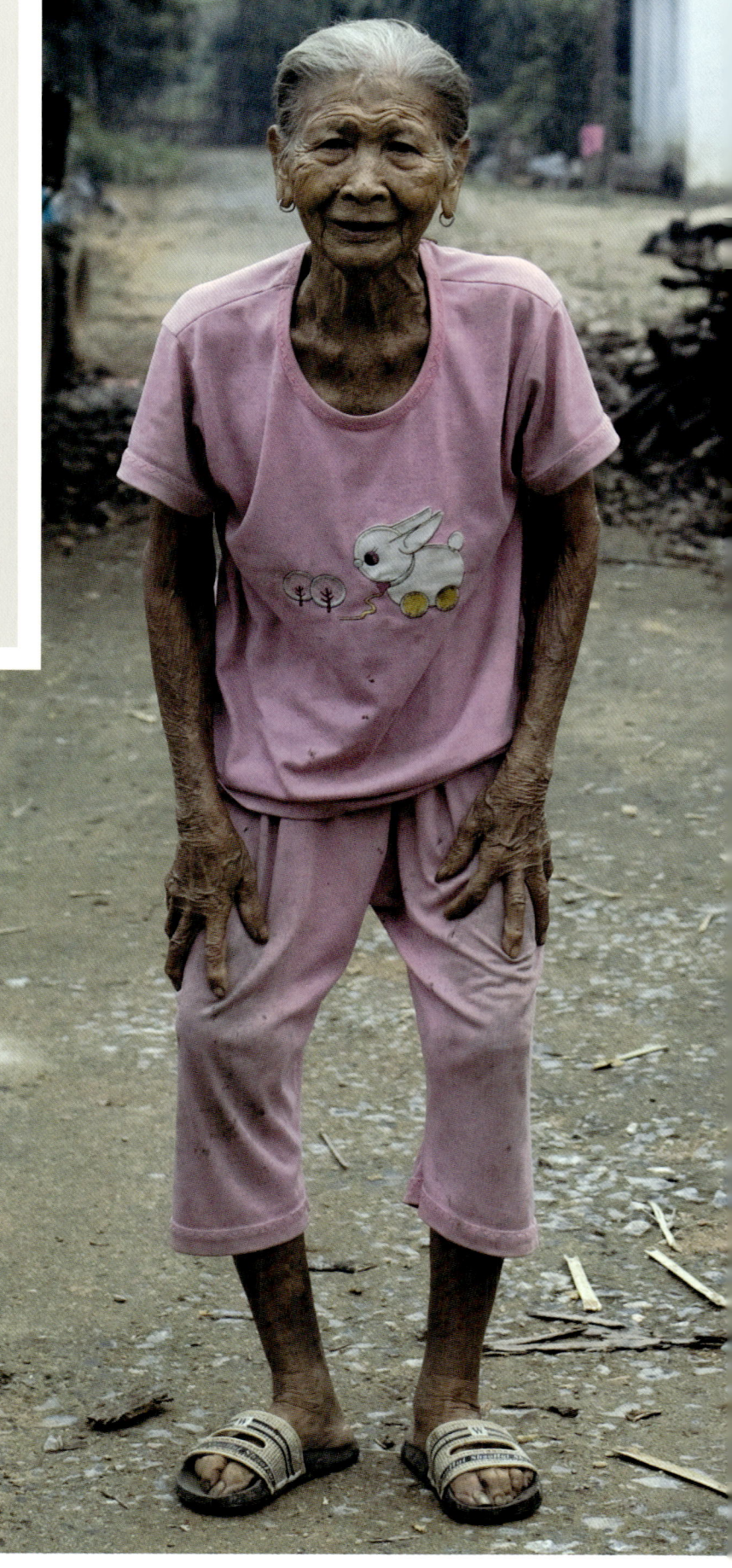

二、美孚方言

| 姓名：符连彩 | 口述 |

出　　生：1938年生于东方市江达乡布温村
部　　位：脸纹、颈纹、胸纹、手纹、脚纹
拍摄时间：2008年10月16日
拍摄地点：海南省东方市江边乡江边村委会江边老村

口述

我父母已去世，父母姓名不便提（根据黎族当地习俗，去世后的人不能再被提其姓名，否则不祥）。父母亲原住地均在东方市江边乡布温村。我12岁时由妈妈亲自帮我文身，选择在夏天花费5天多才文完，没有任何仪式。我25岁结婚，从东方市江边乡布温村嫁到江边乡江边老村。与丈夫（已去世）生4男2女。

姓名：符桂芬

出　　生：1923年出生于东方市
部　　位：脸纹、颈纹、胸纹、手纹、脚纹
拍摄时间：2007年9月4日
拍摄地点：海南省保亭黎族苗族自治县槟榔园

姓名：符亚善	口述

出　　生：1948年生于东方市江边乡俄查村
部　　位：脸纹、颈纹、胸纹、手纹、腿纹脚纹
拍摄时间：2008年10月16日
拍摄地点：海南省东方市江边乡白查村

我父亲符阿美，母亲符阿耐，他们原住地均在江边乡俄查村。我17岁时由村里人免费帮忙文身，当时选择在夏天花费5天多文完，没有任何仪式。我20岁时从东方市江边乡俄查村嫁到江边乡白查村，与丈夫（现已去世）生2男2女。

二、美孚方言

姓名：**符亚七**

出　　生：1939年生于东方市江边乡布温村
部　　位：脸纹、颈纹、胸纹、手纹、脚纹
拍摄时间：2008年10月17日
拍摄地点：海南省东方市江边乡布温村委会布温村

口述

父母均已去世，父母姓名不便提（根据黎族当地习俗，去世后的人不能再被提其姓名，否则不祥）。我父母亲原住地均在东方市江边乡布温村，我15岁时由妈妈亲自帮我文身，当时在冬天分5天才文完，无任何仪式。20岁时从东方市江边乡江边村嫁到江边乡布温村，与丈夫（符亚道）生有一个女孩。

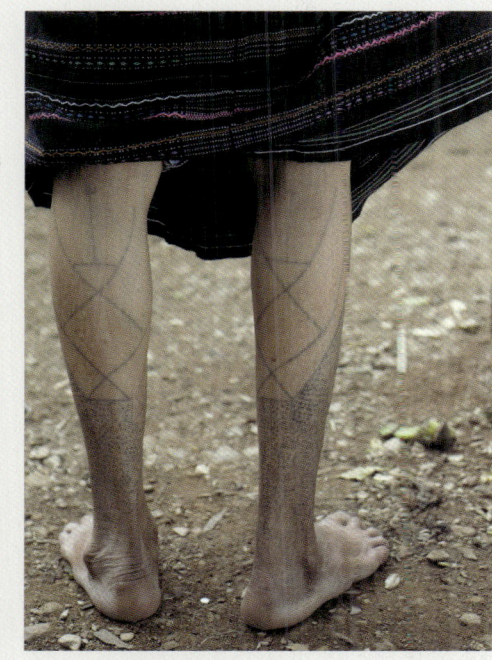

姓名：**符亚芬**

出　　生：1938年生于东方市江边乡江边老村
部　　位：脸纹、颈纹、胸纹、手纹、脚纹（至膝盖处）
拍摄时间：2008年10月17日
拍摄地点：海南省东方市江边乡江边村委会江边老村

口述

我父母均已去世，父母姓名不便提（根据黎族当地习俗，去世后的人不能再被提其姓名，否则不祥）。父母原住地均在东方市江边乡江边老村。我文身年龄忘记了，记得由村里人免费帮忙文身，没有任何仪式。就嫁在本村。结婚年龄忘记了。丈夫现已去世，没有孩子。是村里的五保户。

二、美孚方言

姓名：符亚芬

出　　生：1936年生于东方市江边乡布温村
部　　位：脸纹、颈纹、胸纹、手纹、脚纹
拍摄时间：2008年10月17日
拍摄地点：海南省东方市江边乡布温村委会布温村

口述

我父母亲已去世，他们原住地均在布温村。我13岁时由村里人以吃饭、给棉被为报酬为我文身，我当时在冬天分5天文完，无任何仪式。21岁时出嫁在本村，与丈夫（已过世）生3个女儿。

哈方言区

主要分布在乐东、昌江、东方、三亚、陵水、万宁等地，在儋州、屯昌、白沙、琼中和保亭等地也有少量人居住。

哈方言的纹式

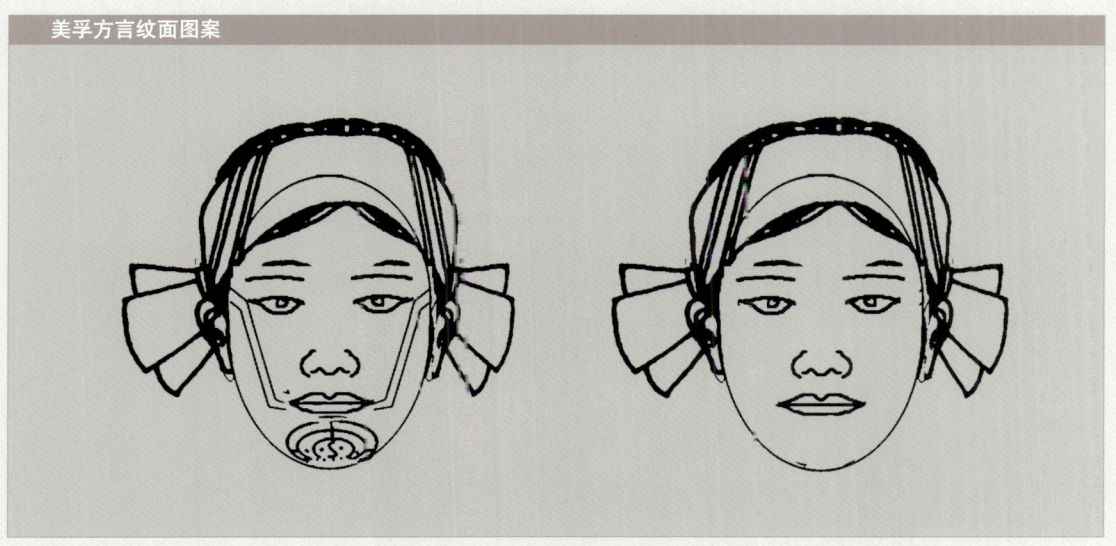

美孚方言纹面图案

哈方言的纹式

面纹：

哈方言的纹式是以由眼尾到口角斜线纹为主。下颌一般有半圆形环纹。面纹一般是一个村一个图案，一个宗族一个图案，与别的地方不同。观面纹图案就知道是哪里人。

手纹：

哈方言的手纹纹理简单，多为圈点组成。以横线分肘为若干段，间绘一行行（一至四行）点、圈、双圈和圈中点等花。或大小相同，或大小相杂，各自别出心裁。最少分二间，最多分九间，左右手不同。手纹表示他们和美孚方言是不同的支族。

手镯纹也是哈方言常见的纹式。左右手可与杞方言不同，多为锯凿纹加小点式样。

腿纹：

哈方言的腿纹，纹绘较手纹复杂，有的在两腿踝骨上二寸许处，画距离相隔寸许横线两条，线甚粗，合之似一绷带。有的在两腿的踝上绘横线四条，中以小直线分隔，如砖墙形状。有的在三条横线之内，画上一个个小圆圈。有的在两条横线中间，画成尖角相对的三角形图形等。

在哈方言的花纹要素中，有如：
多用于脸部的角线及斜线(图A)；
多用于腿部的曲线和方块图案(图B)；
用于颌部及颈部纹素(图C)；
用于胸部纹素(图D)
用于腿部散点纹素(图E)；
用于手部纹素(图F)。

三、哈方言

A. 脸部的角线及斜线

B. 腿部的曲线和方块图案

C. 颔部及颈部纹素

E. 腿部散点纹素

D. 胸部纹素

F. 手部纹素

（本页图文：周伟民、唐玲玲；摘自王学萍主编的《中国黎族》一书，略有修补。）

三、哈方言

姓名：**麦育英**

出　　生：1942年出生于抱由镇向阳村
部　　位：脸纹、颈纹、手纹
拍摄时间：2008年10月1日上午
拍摄地点：乐东黎族自治县抱由镇抱由村委会多建村

口述

文身原因：一是不纹脸以后祖宗不认；二是怕被日军抓去；三是不同支系有不同的图案。我15岁由文身师（名字不详）以一只鸡和五斤米酒为酬帮我文身，从上午9点开始，花费3个小时文完，没有任何仪式。18岁结婚，与丈夫（已去世，不便提他的名字）生2男4女，从乐东抱由镇向阳村嫁到抱由镇多建村。

2008年10月2日，乐东黎族自治县抱由镇抱由村委会光明村村口的黎族文身老人。

姓名：符色开	**口述**

出　　生：1926年生于乐东抱由镇番道村
部　　位：脸纹、颈纹、手纹
拍摄时间：2008年10月2日上午
拍摄地点：海南省乐东黎族自治县抱由镇抱由村委会光明村

父母均去世，父母姓名不便提（根据黎族当地习俗，去世后的人不能再被提其姓名，否则不祥）。父亲原住地抱由镇番道村，母亲原住地三荣村。我15岁时村里文身师以稻谷为酬帮我文身，当时没有任何仪式。17岁时从乐东抱由镇番道村嫁到抱由镇光明村，与丈夫生2男5女。

三、哈方言

姓名：**文亚麦**

出　　生：1940年生于白沙黎族自治县兴松公社云宝村
部　　位：脸纹
拍摄时间：2008年10月2日上午
拍摄地点：海南省乐东黎族自治县抱由镇抱由村委会光明村

口述

我父亲文亚敬、母亲罗色开，我家原住地白沙兴松公社。我25岁的时候由村里文身师免费文身，上午7点开始文身，花费十多分钟文完，没有任何仪式。根据习俗一般有四条纹，一直文到肚子，文身的时候我很害怕，怕痛，所以只文了脸。文身原因是：文身才代表是黎族，不纹可能代表汉族。解放前，不文身嫁不出去。我文身地点是在白沙兴松公社云宝村。我25岁时从白沙县兴松公社云宝村嫁到抱由镇光明村，与丈夫符亚俊生4男1女。

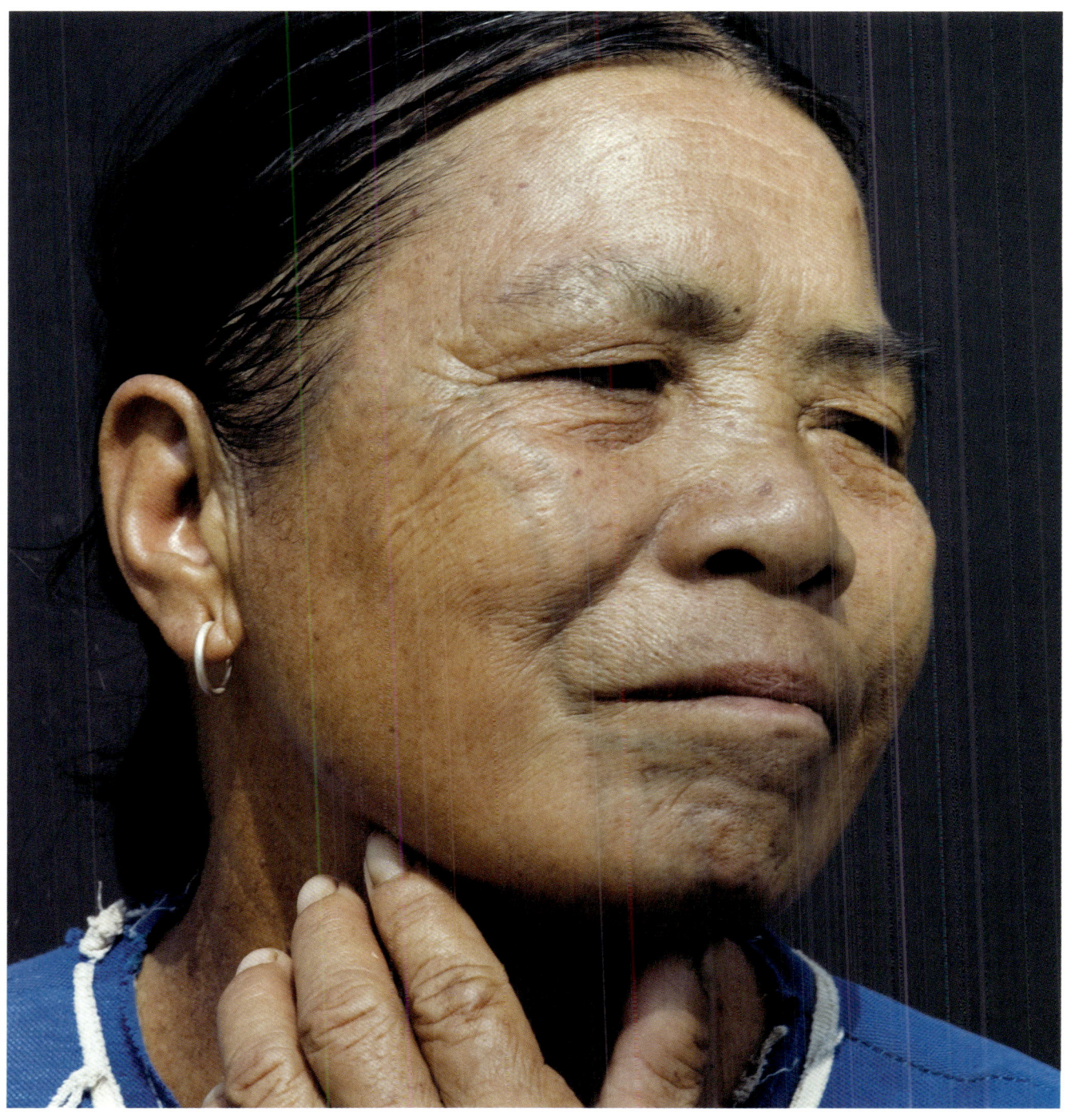

姓名：**杨桂英**

出　　生：1940年生于乐东抱由镇多建村
部　　位：脸纹
拍摄时间：2009年8月14日下午
拍摄地点：海南省乐东黎族自治县抱显农场抱雅村

口述

我兄弟姐妹6人（3男3女），由于怕日本兵抓去当老婆，所以我18岁时文身。27岁时，从乐东抱显农场抱雅老村嫁到抱雅新村，生4男2女，现与大儿子家住一起。

三、哈方言

姓名：**文全英**

出　　生：1936年生于乐东抱由镇多建村
部　　位：脸纹、手纹
拍摄时间：2008年10月1日中午
拍摄地点：海南省乐东黎族自治县抱由镇抱由村委会多建村

口述

我父亲文亚学，原住地多建村，母亲吉亚育，原住地抱由道日村。我13岁时候由村里文身师以酒、鸡为酬帮我文身，从上午9点开始文身，共花4个小时文完，没有搞任何仪式。我19岁时与本村麦家豪结婚，生有1男1女。

姓名：韦秀香	**口述**

出　　生：1941年生于抱由镇多建村
部　　位：脸纹、手纹
拍摄时间：2008年10月1日上午
拍摄地点：海南省乐东黎族自治县抱由镇抱由村委会多建村

我父亲韦亚喜，原住地多建村；母亲周亚喜，原住地抱由向阳村。我13岁时候由村里文身师以酒为酬帮我文身，从上午9点开始，共花4个小时文完，不搞任何仪式。20岁结婚，从多建村嫁到本村，与丈夫文建明生3男3女。

三、哈方言

姓名：**符亚姝**

出　　生：1941年生于乐东抱由镇排齐村
部　　位：脸纹、手纹
拍摄时间：2008年10月2日上午
拍摄地点：海南省乐东黎族自治县抱由镇抱由
　　　　　村委会光明村

口述

我父亲名字不详，我母亲吉亚捡，父母家原住在乐东抱由镇排齐村。我15岁的时候由村里文身师免费文身，上午8点开始，花费1个小时文完，没有任何仪式。文身原医：是老人要求文，虽然自己认为不好看，但是身边女孩没有不文身的。21岁结婚，从抱由镇排齐村嫁到光明村，与丈夫文光生2男5女。

姓名：**杨亚亮**

出　　生：1936年生于乐东大鹅村
部　　位：脸纹、颈纹、手纹
拍摄时间：2009年8月13日上午
拍摄地点：海南省三亚市崖城水南村委会高
　　　　　山村

口述

我有5个兄弟姐妹，我15岁开始文身，文身原因一是害怕不文身死后祖宗不相认，二是不文身怕嫁不出去。25岁时由父母包办婚姻，生4男1女。

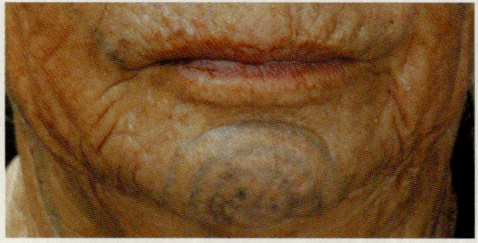

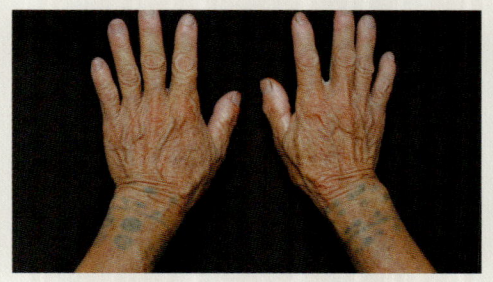

姓名：陈亚祝
出　　生：1950年生于乐东志仲镇志强陈考村
部　　位：脸纹（下巴）
拍摄时间：2009年8月14日下午
拍摄地点：海南省乐东黎族自治县志仲镇夏口村

口述

我有6个兄弟姐妹；害怕死后祖先不相认，在12岁时，父母送给文身师一把棉花及三条麻绳为报酬要她帮我文身。我在20岁时由父母包办婚姻，嫁到乐东志仲镇夏口村，生3男4女，现在和儿子一起生活。

三、哈方言

姓名：**周育香**

出　　生：1942 年生于乐东抱由镇红星村
部　　位：脸纹、颈纹、手纹
拍摄时间：2008 年 10 月 1 日上午
拍摄地点：海南省乐东黎族自治县抱由镇抱由村委会多建村

口述

我父亲叫文拥，原住地乐东抱由镇多建村，母亲已去世，母亲名字根据当地习俗不能提。我家原住在抱由镇红星村。我 18 岁时由文身师周亚奋免费帮我文身，文身从上午 10 点始，共花两个小时文完，没有任何仪式。尽管当时政府禁止文身，但是家人们担心死后得不到祖宗承认，所以文身。19 岁结婚，从乐东县抱由镇红星村嫁到抱由镇多建村，与丈夫卫文主有 4 男 2 女。

姓名：罗亚现

出　　生：1945年生于乐东大安乡田裕村
部　　位：脸纹、颈纹、手纹
拍摄时间：2009年8月13日上午
拍摄地点：海南省三亚市崖城水南村委会高
　　　　　山村

口述

我有三个姐妹，我15岁开始文身，20岁父母包办结婚，从乐东黎族自治县大安乡田裕村嫁到乐东县，然后迁居三亚崖城镇水南村，生3男3女，现与第三个儿子住在一起。

姓名：**吴文姣**

出　　生：1949 年生于乐东黎族自治县大安乡昂外村
部　　位：脸部、手部
拍摄时间：2009 年 8 月 13 日上午
拍摄地点：海南省三亚市崖城水南村委会高山村

口述

我 15 岁开始文身，有 9 个兄弟姐妹。25 岁出嫁，是父母包办婚姻。生育有 6 个孩子（2 男 4 女），现在和小儿子一起生活，身体状况良好，略懂点草药知识。

三、哈方言

姓名：符亚琪

出　　生：1925年生于乐东抱由镇抱由村
部　　位：脸纹、颈纹、手纹、胸纹、腹纹
拍摄时间：2008年10月2日上午
拍摄地点：海南省乐东黎族自治县抱由镇抱由村委会
　　　　　光明村

口述

我父亲原住地抱由镇抱由村，母亲原住地抱由镇红水村。我15岁时由文身师以稻谷为酬帮我文身。当时从上午10点到下午16点分两次才文完，没有任何仪式。当时我还文了颈纹。文腹纹是因为我是独生女，家人宝贝，尽管很痛，当地人觉得腹纹很美，所以要我接受腹纹。28岁结婚，从乐东抱由镇抱由村嫁到抱由镇光明村，与丈夫文起忠生3男2女。

姓名：**李亚查**

出　　生：1945年生于乐东志仲镇好顺村
部　　位：脸纹、颈纹
拍摄时间：2009年8月14日上午
拍摄地点：海南省乐东黎族自治县志仲镇从六
　　　　　村委会

口述

我有5个兄弟姐妹，我略懂中医。13岁时开始文身，怕死后祖先不认而文身。我是自由恋爱后结婚的，23岁那年，从志仲镇好顺村嫁到从六村，生4男6女。

三、哈方言

姓名：周育梅（左）

出　　生：1926年生于乐东抱由镇银红村
部　　位：脸纹、颈纹、手纹
拍摄时间：2008年10月1日上午
拍摄地点：海南省乐东黎族自治县抱由镇抱由村委会多建村

口述

我父亲周亚队，原住地乐东抱由镇银红村；母亲家情况不详。我在日军来我们村的时候由一名女文身师免费帮我文身，从上午9点始，共花一个小时文完，没有任何仪式。文身原因主要是逃避日军抓捕去当慰安妇。21岁结婚，与丈夫韦亚族生两男，从乐东县抱由镇银红村嫁到抱由镇多建村。

周育梅（左）与亲戚周育香（右）在一起，周育梅嫁给了周育香丈夫的侄子，因此两人属于亲戚关系。拍摄时，周育梅老人正拄着拐棍往村医疗室去看病的路上。

姓名：**吉育美**（左）

出　　生：1946年生于抱由镇道㠪村
部　　位：脸纹、手纹
拍摄时间：2008年10月1日上午
拍摄地点：海南省乐东黎族自治县抱由镇抱由村委会多建村

姓名：**吉亚遥**（右）

出　　生：1935年生于抱由镇道日村
部　　位：脸纹、手纹
拍摄时间：2008年10月1日上午
拍摄地点：海南省乐东黎族自治县抱由镇抱由村委会多建村

口述

我们的父亲去世，名字不能提，母亲麦亚斤；我们俩都嫁在乐东抱由镇多建村，因担心不文身死后得不到祖宗承认而文身的。

吉育美：我13岁时由文身师以两三斤酒为酬为我文身，在下午5点，花费一个小时一次性文完，没有任何仪式。21岁结婚，与丈夫文金贵生2男8女。

吉亚遥：我13岁时由文身师以两三斤酒为酬为我文身，在上午10点，花费一个小时一次性文完，文完后还举行了拜祖仪式。19岁结婚，与丈夫罗亚英生4男2女。

姓名：陈亚茜

出　　生：1925年生于抱由镇三荣村
部　　位：脸纹、颈纹、手纹
拍摄时间：2008年10月12日上午
拍摄地点：乐东黎族自治县抱由镇抱由村委会
　　　　　光明村

口述

父母亲姓名不详，原住地抱由镇三荣村。15岁时由文身师（姓名不详）以酒为酬帮我文身，从上午8点开始花费一个小时文完，没有任何仪式。21岁结婚，与丈夫符公英生3男4女，从乐东抱由镇抱三村嫁到抱由镇光明村。

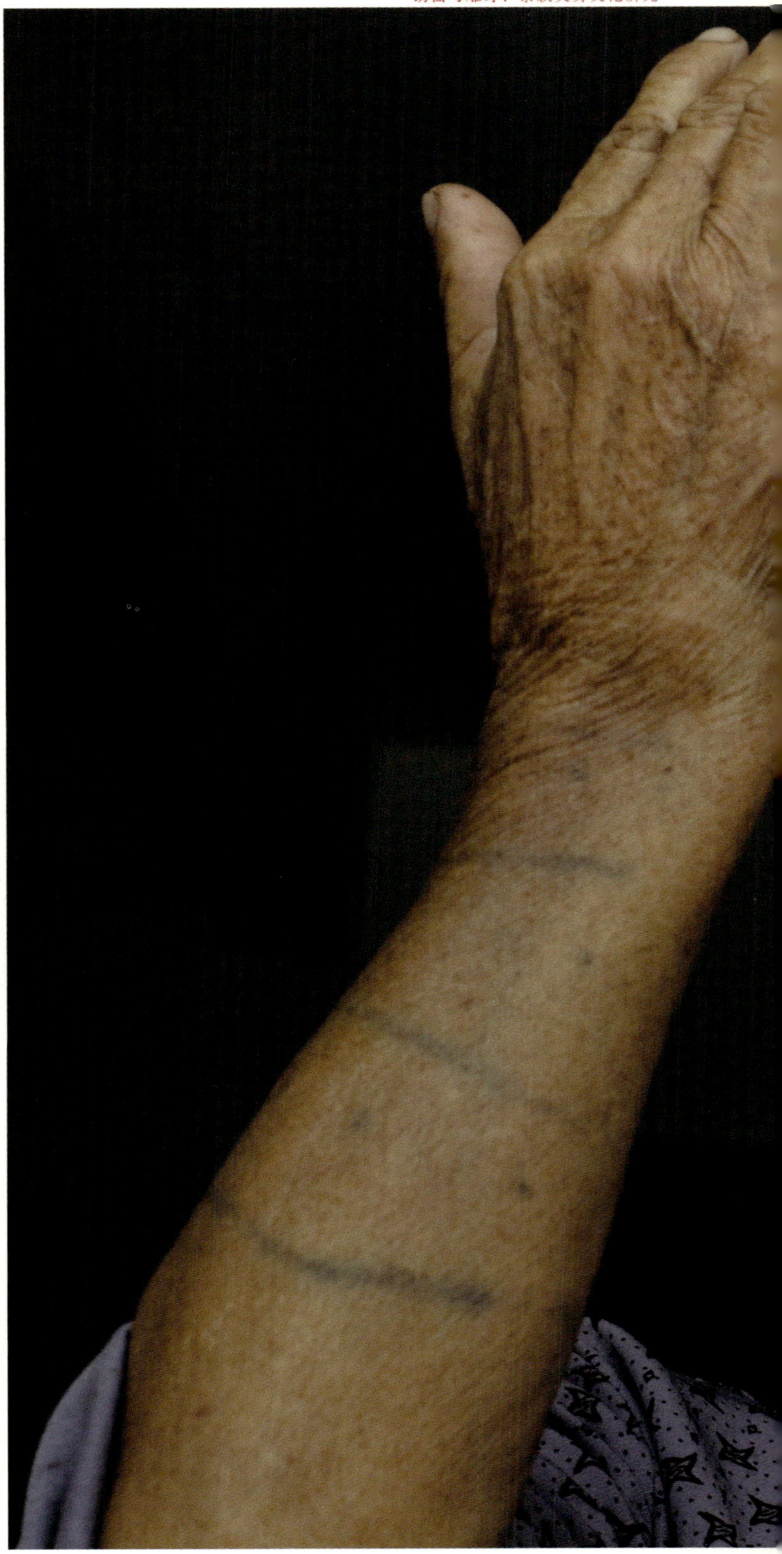

2009年8月12日上午，海南省乐东黎族自治县千家镇郎益村，黎族哈方言"应"土语的文身妇女们。

左：林阿美，1934年生于千家镇山鸡田村一队，部位：脸纹。8岁时由文身师以鸡和酒为酬文身，一次完成。17岁包办婚姻，嫁到郎益村，生有5男3女，丈夫去世。

中：高苏桃丰，1934年生于千家镇大岭村，解放后搬出，父母生3男6女。文身部位：脸纹。文身原因：1. 怕死后祖宗不认；2. 怕被别人拿去当媳妇。12岁时由文身师文身，一次完成，身体状况良好。17岁自由恋爱结婚，生有2男7女，丈夫去世，现仅有1男3女在世，目前与大儿子在一起生活。

右：陈阿丰，1921年生于千家镇山鸡田村一队，有8个兄弟姐妹。文身部位：脸纹。12岁时由文身师以茶和酒为酬文身，一次完成。16岁自由恋爱而结婚，从山鸡田村嫁到千家镇郎益村，生有1男1女，现丈夫已去世。

三、哈方言

姓名：罗玉明	口述
出　　生：1945年生于乐东县大安乡昂外村 部　　位：脸纹、手纹 拍摄时间：2009年8月13日上午 拍摄地点：海南省三亚市崖城水南村委会高山村	我有8个兄弟姐妹（4男4女，现存1男3女），13岁时文身，21岁父母包办婚姻，从乐东黎族自治县大安乡昂外村嫁到高山村，生4男2女。

三、哈方言

姓名：**杨亚祝**

出　　生：1944年生于乐东黎族自治县志仲镇卡峰村
部　　位：脸纹（下巴）
拍摄时间：2009年8月14日
拍摄地点：海南省乐东黎族自治县志仲镇志强村（黎族哈方言志强土语）

口述

我文身的原因是一怕嫁不出去，二怕死后祖宗不认，三怕成孤魂野鬼。我13岁时开始文身，19岁父母包办婚姻，我生有2男2女。

姓名：**李荣英**

出　　生：1945 年生于乐东抱显农场抱雅村
部　　位：脸纹、下巴
拍摄时间：2009 年 8 月 14 日下午
拍摄地点：海南省乐东黎族自治县抱显农场抱雅村

口述

我有 9 个兄弟姐妹（4 男 5 女，现存两女），我 17 岁文身，18 岁自由恋爱，嫁在抱雅本村，生 4 男 3 女，现和第二个儿子一起生活。

三、哈方言

姓名：**罗色开**

出　　生：1925年生于乐东抱由镇三平村
部　　位：脸纹、颈纹、胸纹、手纹　腹纹（均已不清晰）
拍摄时间：2008年9月30日下午
拍摄地点：海南省乐东黎族自治县抱由镇抱由村委会
　　　　　昂什村

口述

我父亲原住地乐东抱由镇三平村，母亲原住地抱曰镇保定村。在14岁时由文身师以一块光银为酬为我文身。在一个上午一次性完成，没有任何仪式。文身原因：为躲避日军抓去当慰安妇，按当地习俗8岁就开始文身，要文到腹部，独生女则文到胸部，手纹则大家都要文。我20岁结婚，从乐东县抱由乡三平村嫁到乐东县抱由乡昂什村，与丈夫邢亚蒙生有5个女儿。

姓名：**羊玉花**

出　　生：1947年生于乐东黎族自治县大安乡加巴村
部　　位：脸纹、颈纹、手纹
拍摄时间：2009年8月13日上午
拍摄地点：海南省三亚市崖城水南村委会高山村

口述

我有9个兄弟姐妹（5男4女），我15岁开始文身，19岁自由恋爱结婚，从乐东黎族自治县大安乡加巴村嫁到乐东县，然后迁居三亚市崖城水南村，生3男2女，现与第二个儿子住在一起。

三、哈方言

三、哈方言

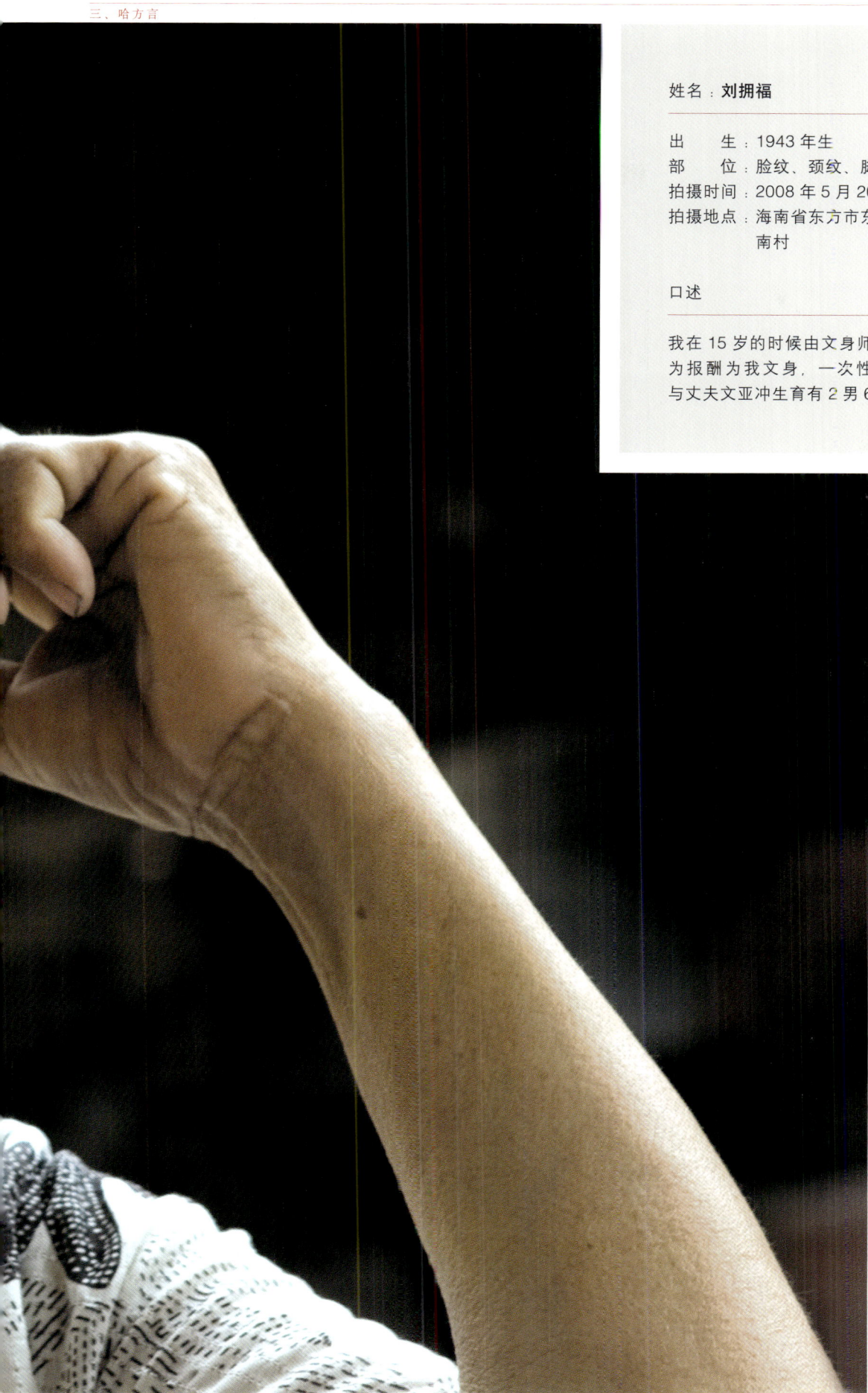

姓名：刘拥福

出　　生：1943年生
部　　位：脸纹、颈纹、脚纹
拍摄时间：2008年5月20日
拍摄地点：海南省东方市东河镇沪南村委会冲南村

口述

我在15岁的时候由文身师吴泽丹以一只白鸡为报酬为我文身，一次性文完。23岁结婚，与丈夫文亚冲生育有2男6女。

姓　　名：**高春英**	口述
出　　生：1942年生于乐东抱显农场邦道村 部　　位：脸纹、下巴 拍摄时间：2009年8月14日上午 拍摄地点：海南省乐东黎族自治县抱显农场抱雅村	我有5个兄弟姐妹（2男3女），我13岁文身，我是自由恋爱而结婚的，24岁时从抱显农场邦道村嫁到抱雅村，生3男3女，现在跟小儿子一起生活，身体很好。

三、哈方言

姓名：**罗琼香**

出　　生：1943年生于乐东抱由镇香道村
部　　位：脸纹、手纹
拍摄时间：2008年10月1日上午
拍摄地点：海南省乐东黎族自治县抱由镇抱由村委会多建村

口述

我有9个兄弟姐妹，15岁文身，25岁出嫁，父母包办婚姻，育有6个孩子（2男4女），现在和小儿子一起生活，身体状况良好，略懂点黎家草医知识。

姓　　名：**杨玉英**

出　　生：1945年生于乐东大安乡万东村
部　　位：脸纹、手纹
拍摄时间：2009年8月14日上午
拍摄地点：海南省乐东黎族自治县志仲镇夏
　　　　　口村

口述

我有4个兄弟姐妹（3男1女），15岁时文身，给文身师6元钱作为我文身的报酬。25岁自由恋爱结婚，从大安乡万东村嫁到志仲镇夏口村，育有4男1女。

三、哈方言

姓名：陈清花

出　　生：1938年生于乐东抱由镇向阳村
部　　位：脸纹、手纹
拍摄时间：2008年10月1日上午
拍摄地点：海南省乐东黎族自治县抱由镇抱由村委会多建村

口述

我父亲陈阿七，原住地向阳村；母亲姓名不记得（估计不便说）。7岁时候由文身师文明（朋友的母亲）免费为我文身，从上午9点到10点一个小时文完，不搞任何仪式，文身原因：不文身死后得不到祖先承认。我21岁结婚，从向阳村嫁到多建村，与丈夫三亚苗生2男6女。

姓名：文弯军	**口述**
出　　生：1930年生于乐东抱由镇多建村 部　　位：脸纹、颈纹、手纹 拍摄时间：2008年9月30日下午 拍摄地点：海南省乐东黎族自治县抱由镇抱由村委会昂什村	父亲文阿伯，母亲马色开，我家原住地乐东抱由多建村。13岁时由我姑姑以30元为酬，请人为我文身。从上午8点到12点一次文完，没有任何仪式。文身从脸部文到胸部、腹部等，是根据当地姓氏区别不同纹理而文，我脸上下巴部位的图案为灶台旁边放碗的用具，表示希望经常有饭吃。文身原因主要还是害怕被日军抓去当慰安妇。18岁结婚，从乐东抱由多建村嫁到昂什村，与丈夫周育高生有4男5女。

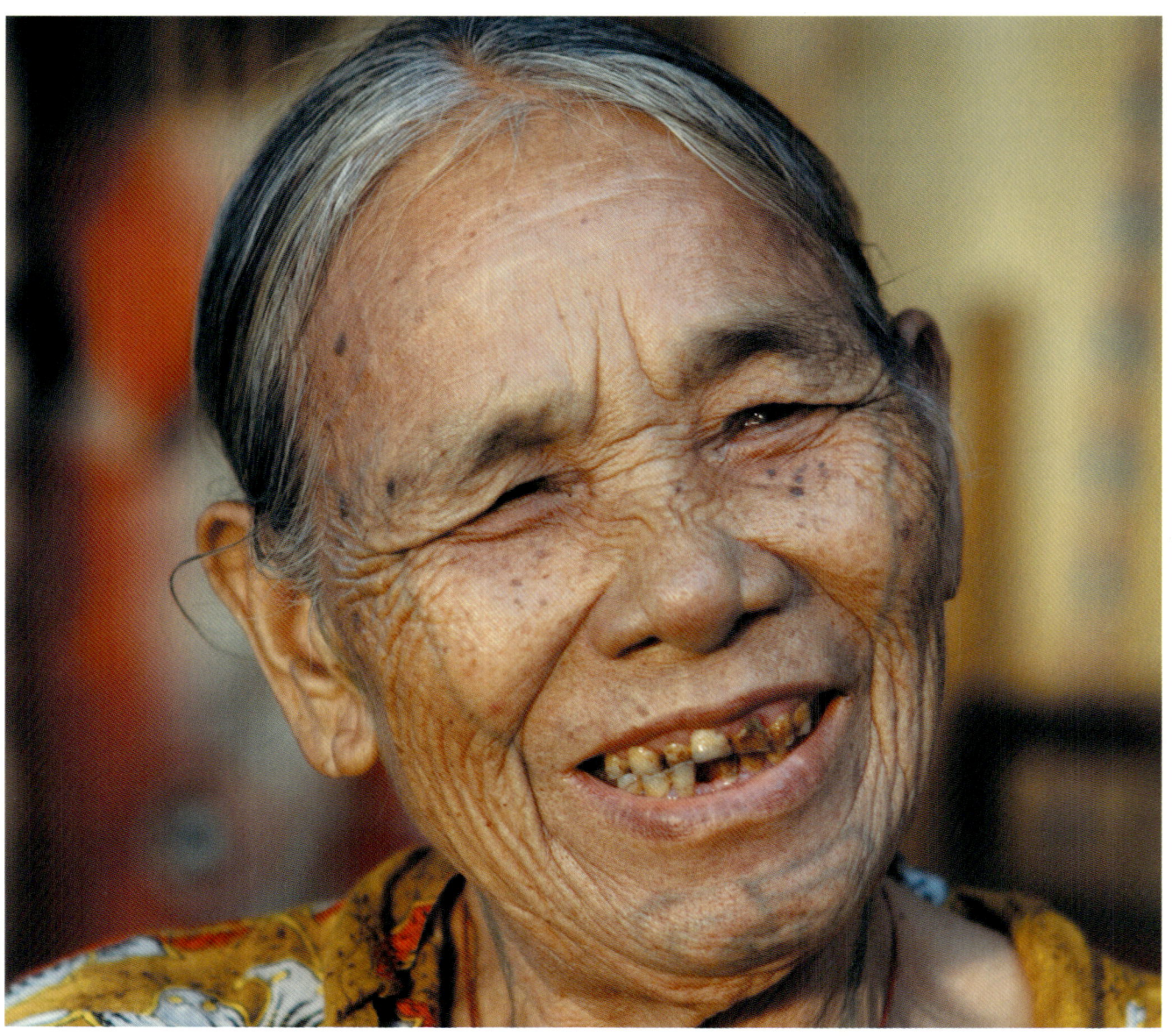

三、哈方言

姓名：符亚才

出　　生：1929年生于乐东抱由镇排齐村
部　　位：脸纹、颈纹、手纹
拍摄时间：2008年10月2日下午
拍摄地点：海南省乐东黎族自治县抱由镇抱由村委会光明村

口述

我父母姓名不详，父亲原住地抱由镇排齐村，母亲原住地亚利村。我20岁时，庄文身师以酒为报酬文身，在中午12点花费2个小时文完，没有任何仪式。以前人们觉得文身是美，现在不觉得美了。我30岁结婚，从乐东抱由镇排齐村嫁到抱由镇光明村，与丈夫符亚强生有一男一女。

杞方言区

主要分布在五指山腹地周边地区的五指山、琼中、保亭等市县。在昌江、乐东、东方、三亚、万宁等市县的部分地区也有分布。

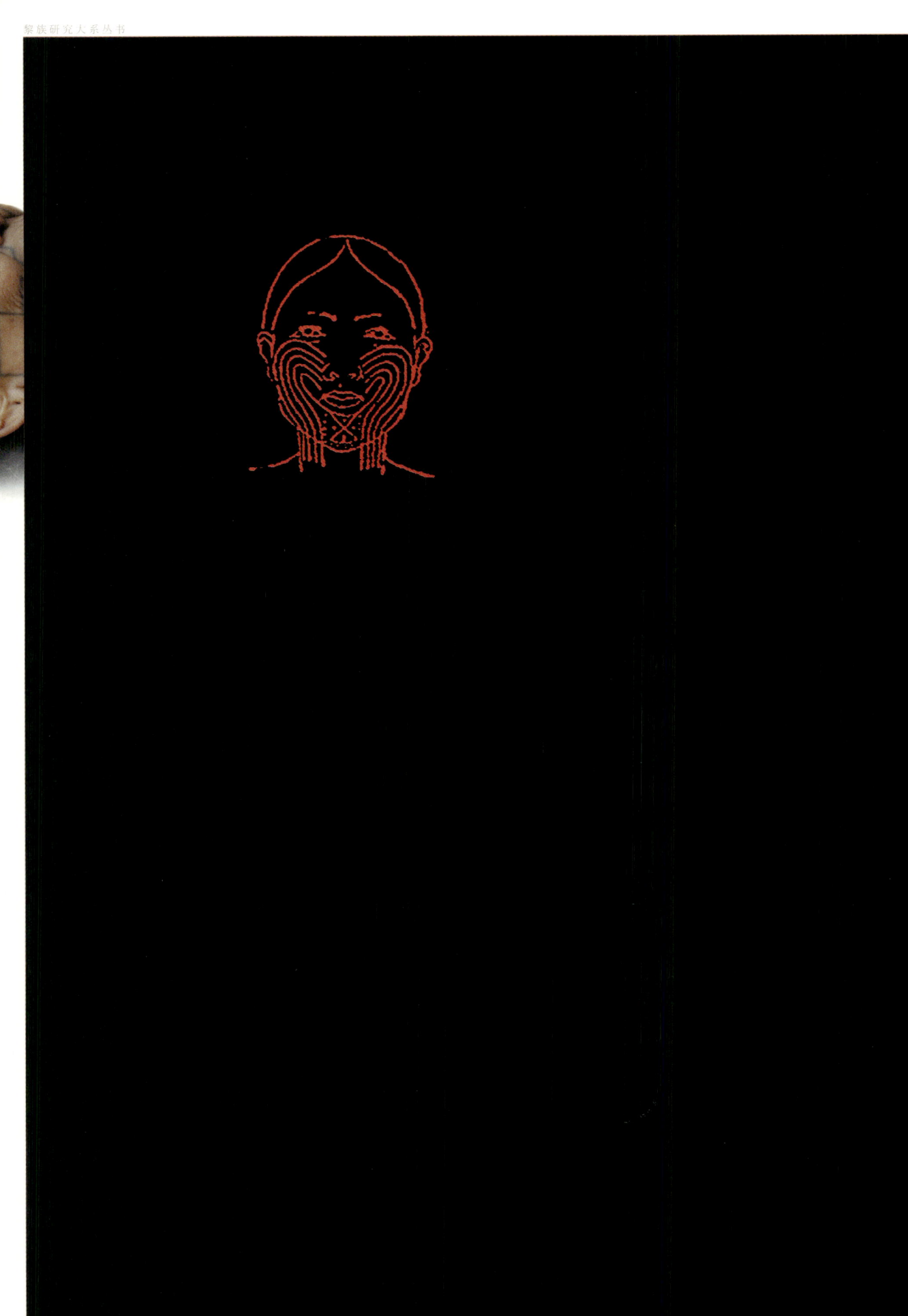

杞方言的纹式

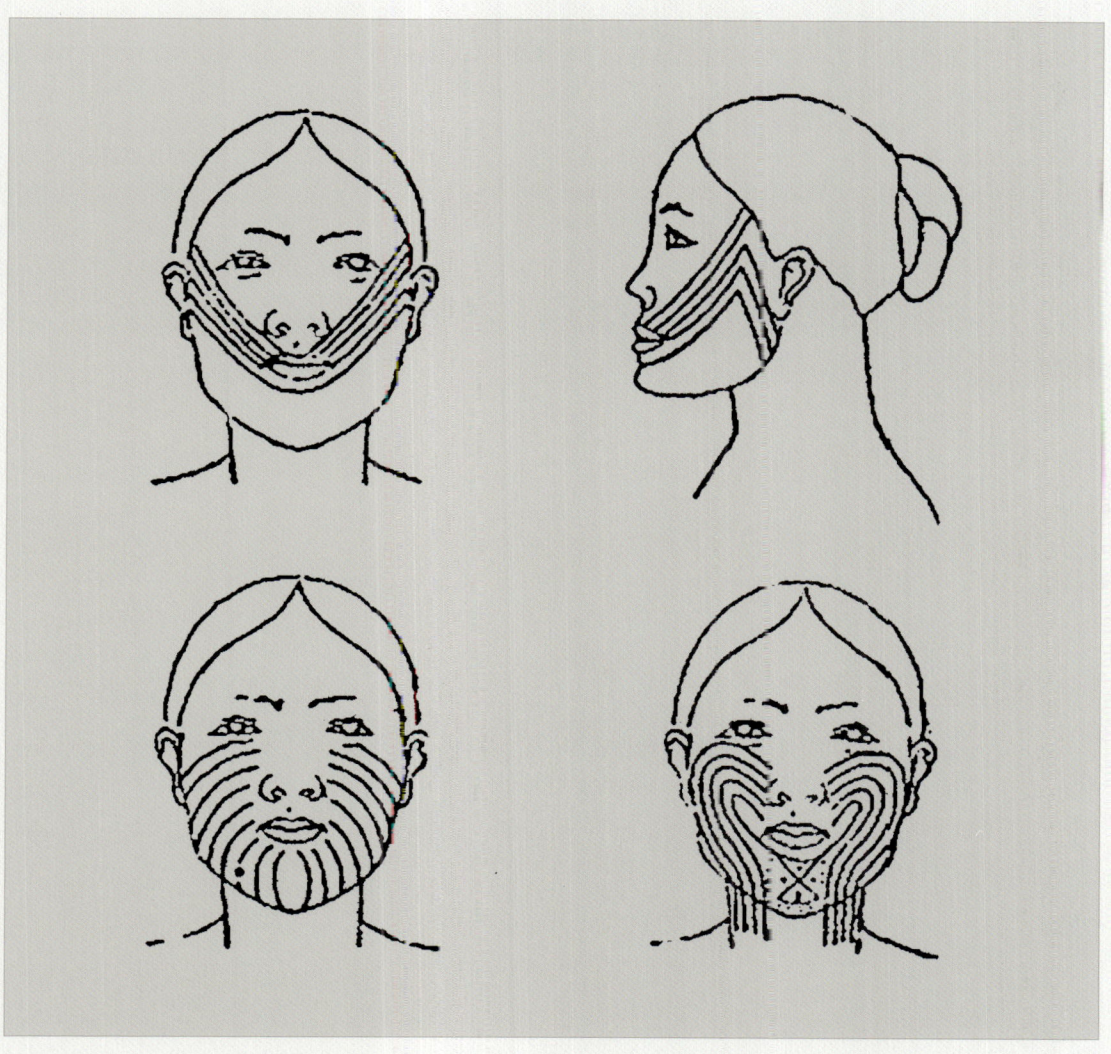

杞方言妇女面部纹样

　　杞方言的纹式比较简单，多以两条并排线条，由鬓发到嘴边，然后从口角到下颚。有的颧纹为斜曲线五条，最上条起颛颥经两眼外角，止于鼻翼之上侧；第二线亦起于颛颥而止鼻翼之两旁；第三线起于耳之上部，止于口之两角；第四线起于耳之中部，绕过口之下唇，两方连接；第五线起于耳垂下端，斜行至颏之中部，则转向直下，延至颈部。五线之间，各有等宽之距离。有的全面为弧线，以颏为中心，画左右线合抱之，愈画愈上，面为之满，每边各九条。有的两颧各有曲线五条，最上第一条起于鼻之中部两侧，经眼下、颧上、耳边、颏边而至颈项以后；第二在第一线之内；第四线在第三线之内，第五线在第四线之内，唯起点处则自鼻翼降至口角之上，又第五线不下行，至颈项而绕下颌左右，联成一体，颏纹紧接下颌线，由二交叉线又一底线，形成两个完整之三角形，及两个不完整之三角形，每个三角形内，均有一点，此四个三角形之外，则围有虚线，以完成全面部纹样。

　　现在能见到的，一般脸上仅有两条斜纹，耳根边有两条直纹，下颌有四条横纹，中间贯串一条直纹。杞方言的纹路比其他方言来说较为简单。

四、杞方言

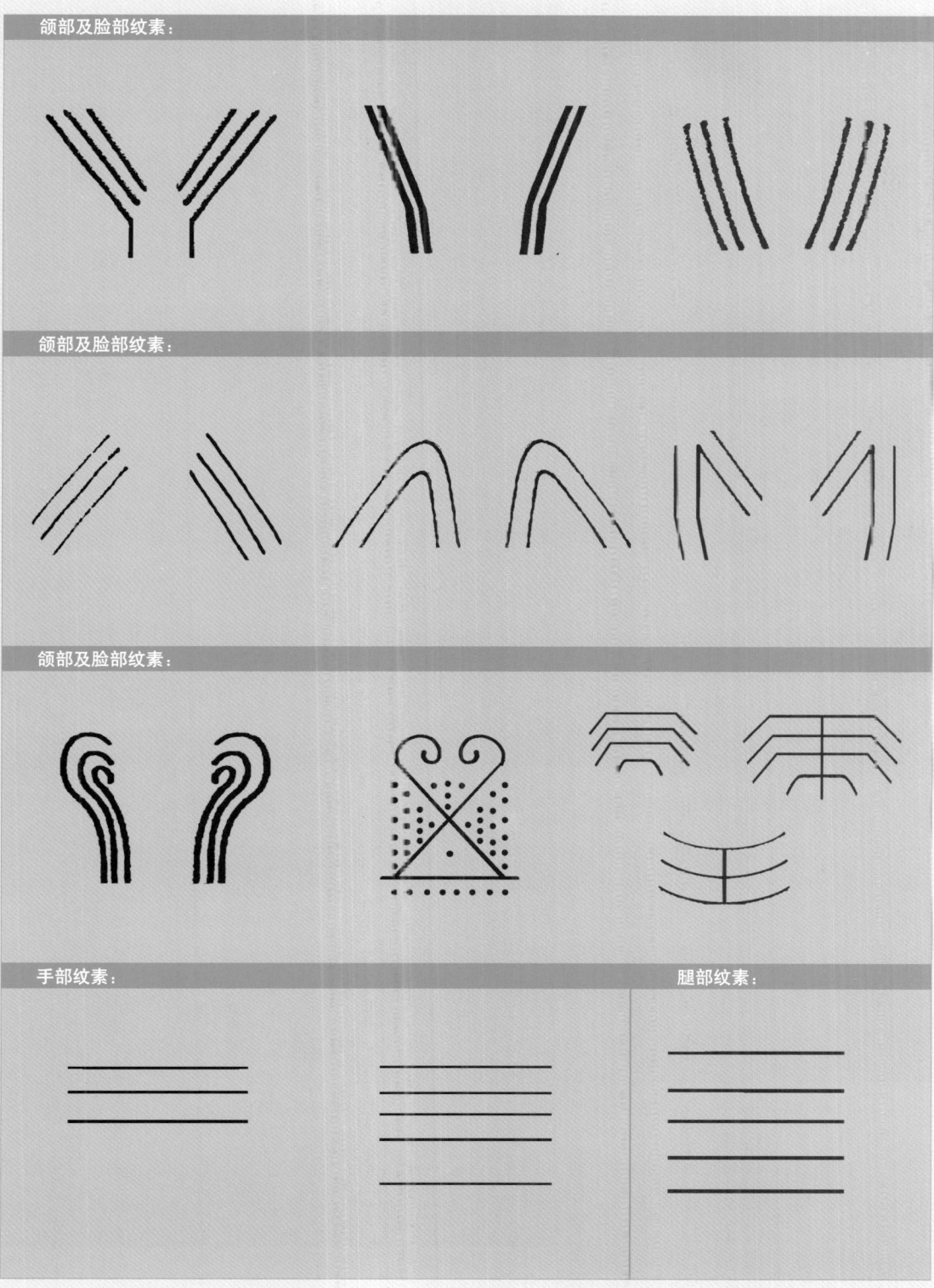

(本页图文：周伟民、唐玲玲；摘自王学萍主编的《中国黎族》一书，略有修补。)

姓名：**韩白兴**

出　　生：1944年生
部　　位：脸纹、手纹、脚纹
拍摄时间：2010年6月30日
拍摄地点：海南省昌江县王下乡洪水村委会洪水村

口述

我在10岁的时候由村里文身师免费文身，一天一次文完，当时很痛，文完后肿起来不能吃饭。20岁时结婚，生2男2女，从王下乡牙迫村嫁到昌江县王下乡洪水村委会洪水村。

2010年6月30日，海南省昌江县王下乡洪水村委会洪水村，从左至右：林白出（72岁）、陈白宁（66岁）、韩白兴（66岁）、林白兴（65岁）等黎族纹身老人在喝黎族米酒。这天是村里人盖新房子打地基的日子，老人们都一起帮忙盖房子，喝喜酒庆祝，她们从上午11点多一直喝酒到傍晚，酒兴浓厚。

四、杞方言

姓名：**陈白宁**

出　　生：1944年出生
部　　位：脸纹
拍摄时间：2010年6月30日
拍摄地点：海南省昌江县王下乡洪水村委会洪水村

口述

我在14岁的时候由村里文身师免费文身。22岁结婚，生4男2女，从王下乡洪水村嫁到本村。

四、杞方言

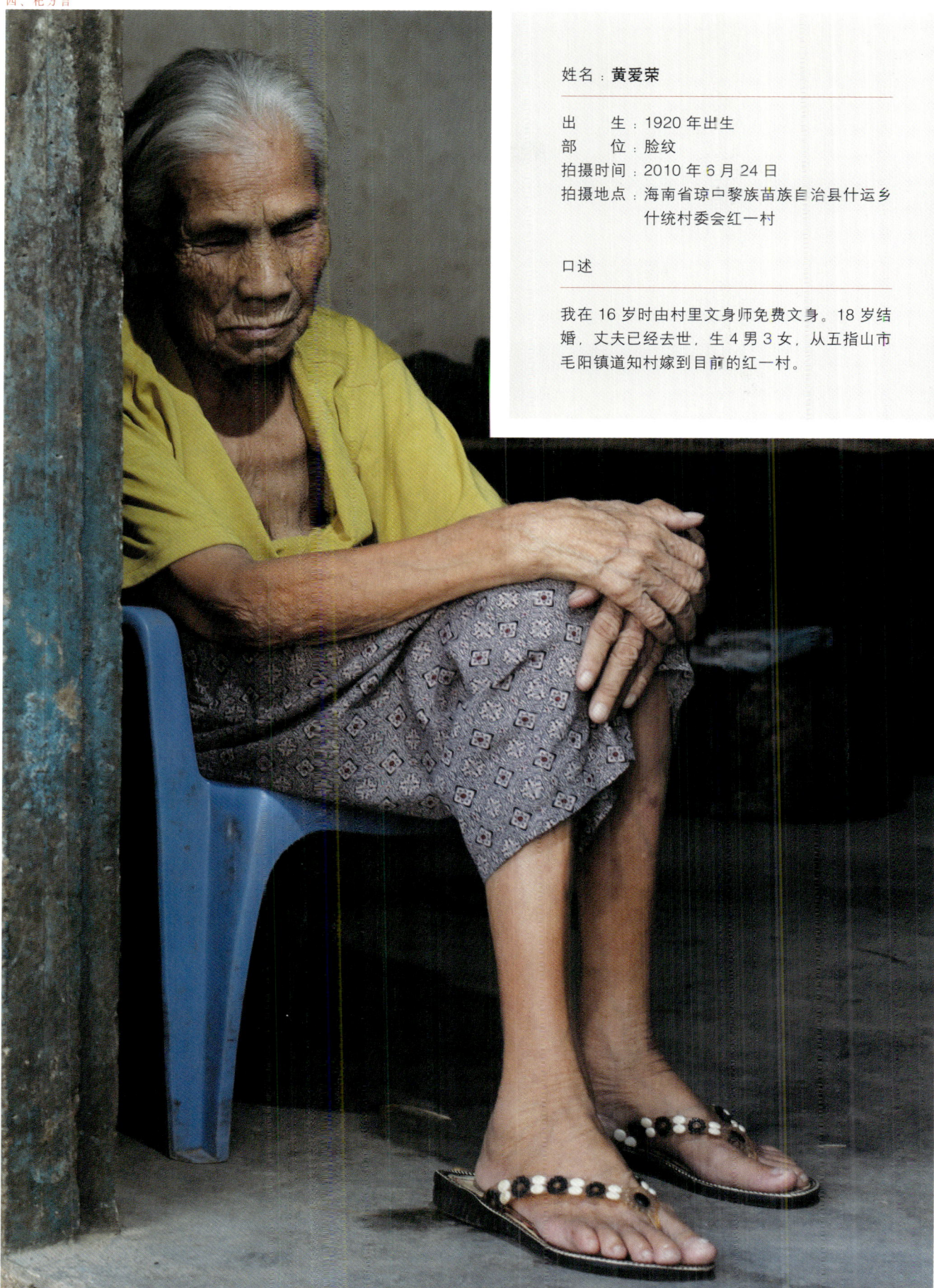

姓名：黄爱荣

出　　生：1920年出生
部　　位：脸纹
拍摄时间：2010年6月24日
拍摄地点：海南省琼中黎族苗族自治县什运乡
　　　　　什统村委会红一村

口述

我在16岁时由村里文身师免费文身。18岁结婚，丈夫已经去世，生4男3女，从五指山市毛阳镇道知村嫁到目前的红一村。

姓名：黄玉梅	口述

出　　生：1939 年出生
部　　位：脸纹、脚纹（已不明显）
拍摄时间：2010 年 6 月 24 日
拍摄地点：海南省琼中黎族苗族自治县什运乡什统村
　　　　　委会红一村

我在 13 岁时，由村里文身师免费文身，当时选择在冬天里一次文完。文身原因：一怕国民党官兵抓去当老婆，二是祖先说文脸才漂亮，不然像个男人，祖先不认。28 岁时，从五指山市毛阳镇什牙湖村嫁到本村，与丈夫黄老区（现 75 岁）生有 3 男 4 女。

四、杞方言

姓名：**杨亚论**

出　　生：1924 年出生
部　　位：脸纹、手纹、脚红
拍摄时间：2010 年 6 月 30 日
拍摄地点：海南省昌江县王下乡洪水村委会洪水村

口述

我 15 岁时由村里文身师（已去世）文身。文身原因：母亲叫文的。30 岁结婚　丈夫是本村人，生 2 男 2 女，从本村嫁到本村。

姓　名：黄色开（左）

出　　生：1920年生
部　　位：脸纹、颈纹、胸纹
拍摄时间：2010年6月29日
拍摄地点：海南省昌江县石碌镇太坡乡片石
　　　　　大村

口述

我是杨亚论的母亲，我13岁时由村里文身师免费文身。20岁结婚，21岁时生杨亚论，共生4男3女，从昌江县石碌镇太坡乡保突村嫁到太坡乡片石大村。

四、杞方言

姓名：**杨亚论**

出　　生：1940年出生
部　　位：脸纹
拍摄时间：2010年6月29日
拍摄地点：海南省昌江县石碌镇太坡乡保突村委会保老村

口述

我16岁时由村里文身师以酒为报酬为我文身。20岁结婚，生2男3女，从昌江县石碌镇太坡乡片石大村嫁到本村。

141

姓名：**林白出**

出　　生：1938 年出生
部　　位：脸纹
拍摄时间：2010 年 6 月 30 日
拍摄地点：海南省昌江县王下乡洪水村委会洪水村

口述

我是在 10 岁的时候由村里文身师免费文身，一天一次文完。文身原因：当时村里老人说文脸漂亮，好嫁人。20 岁结婚，生 1 男 7 女，从王下乡来伦新村嫁到本村。

姓名：**姜白出**

出　　生：1943 年出生
部　　位：脸纹、手纹、脚纹
拍摄时间：2010 年 6 月 30 日
拍摄地点：海南省昌江县王下乡洪水村委会三
　　　　　派村

口述

我在 10 岁的时候由村里文身师免费文身。文身原因是怕不文身死后祖宗不认。21 岁结婚，生 4 男 2 女，从王下乡浪伦村嫁到本村的。

姓名：黄桂仙

出　　生：1910年出生
部　　位：脸纹、脚纹（均不清晰）
拍摄时间：2010年6月23日
拍摄地点：海南省五指山市冲山镇什保村委会番文村

口述

我在18岁的时候由村里文身师免费文身，文身原因是觉得不文身不好看，不文身不好嫁人。27岁结婚，生1男2女，从王下乡来伦村嫁到本村的。

四、杞方言

姓名：**林白兴**

出　　生：1945 年出生
部　　位：脸纹、手纹、脚纹
拍摄时间：2010 年 6 月 30 日
拍摄地点：海南省昌江县王下乡洪水村委会洪水村

口述

我是在 15 岁的时候由村里文身师免费文身的。文身原因：当时怕被日本人抓去作慰安妇。25 岁结婚，生 4 男 2 女，从王下乡东才村嫁到洪水村。

姓名：**韩白见**

出　　生：1944年生
部　　位：脸纹、手纹、脚纹
拍摄时间：2010年6月30日
拍摄地点：海南省昌江县王下乡洪水村委会洪水村

口述

我在18岁的时候由村里文身师文身，文身原因是怕被日本人抓走后卖掉。20岁结婚，与丈夫林阿度生3男3女，从洪水村嫁本村。（韩白见是百岁文身老人陈亚祝的儿媳妇。）

四、杞方言

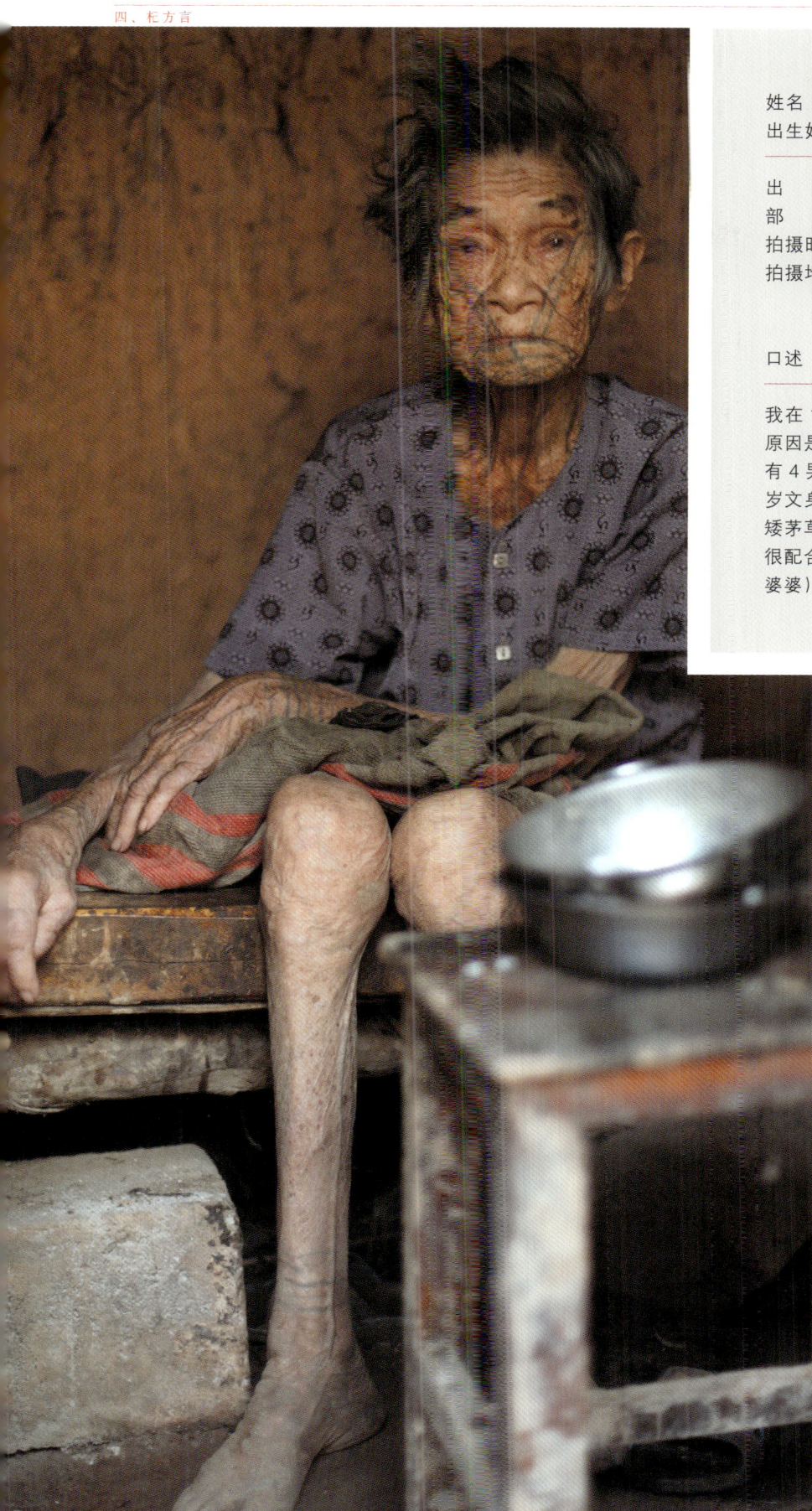

姓　名：陈亚祝
出生姓名：**韩白金**

出　　生：1910年生
部　　位：脸纹、手纹、脚纹
拍摄时间：2010年6月30日
拍摄地点：海南省昌江县王下乡洪水村委会洪水村

口述

我在10多岁的时候由村里文身师文身，文身原因是怕死后祖宗不认。结婚时间已忘记，生有4男，从王下乡牙迫村嫁到本村。（这位百岁文身老人，拍摄时病卧在不足8平方米的低矮茅草屋里，大小便失禁，无法行动，但还是很配合我们的拍摄，令人感动！她是韩白见的婆婆）。

姓名：黄玉荣

出　　生：1922 年出生
部　　位：脸纹、脚纹
拍摄时间：2010 年 6 月 23 日
拍摄地点：海南省五指山市冲山镇什保村委会
　　　　　番文村

口述

我父母原住地在番文村，我在不到 10 岁时由姑姑免费帮我文身，文身原因：是根据当地传统习惯而文身的，我 20 岁时结婚，丈夫名字黄阿聪，生 4 男 2 女，从五指山市冲山镇什保村委会嫁本村。

四、杞方言

姓名：姜白口

出　　生：1936年出生
部　　位：脸纹、手纹、脚纹
拍摄时间：2010年6月30日
拍摄地点：海南省昌江县王下乡洪水村委会洪水村

口述

我在18岁的时候由村里文身师文身，文身原因是觉得不文身不好看，不文身不好嫁人。27岁结婚，生1男2女，从王下乡来伦村嫁到本村。

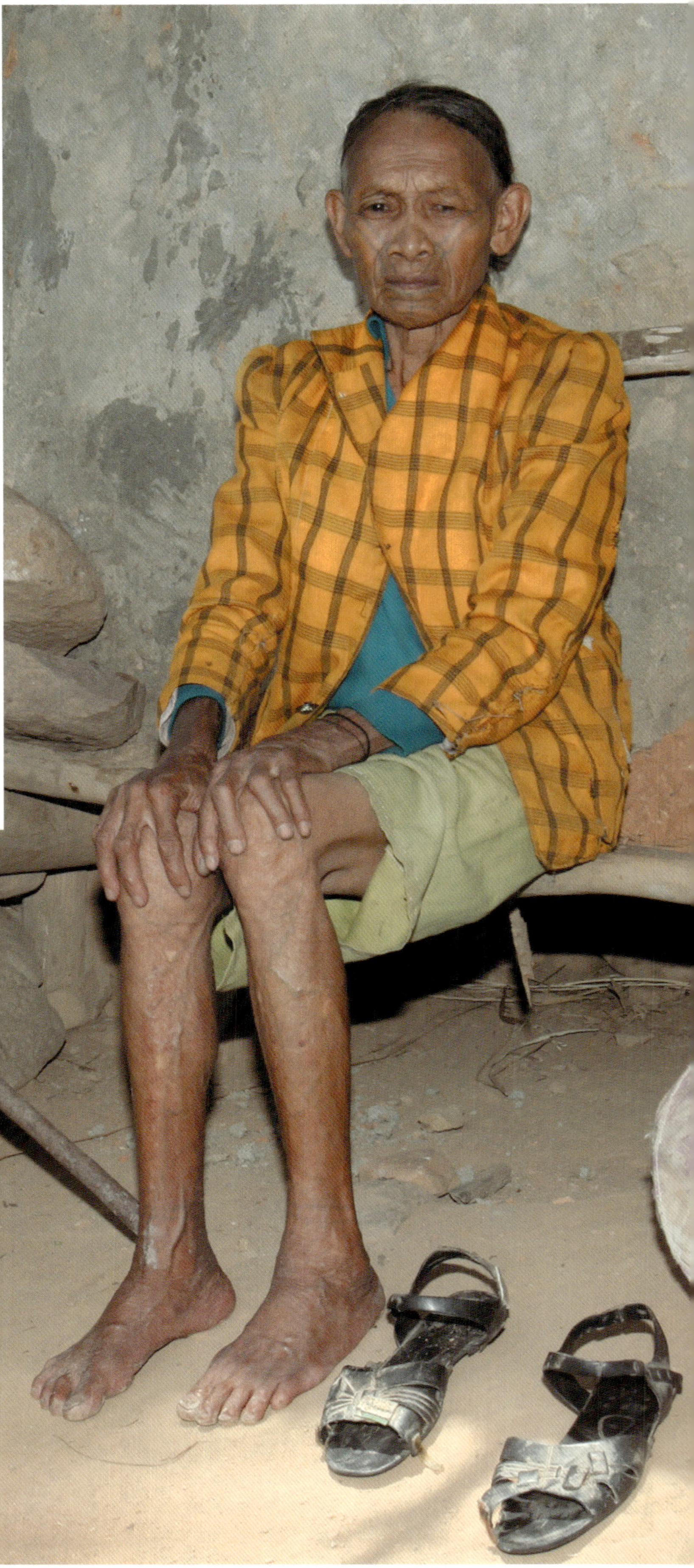

姓名：张百千

出　　生：1944年出生
部　　位：脸纹、手纹
拍摄时间：2009年3月6日
拍摄地点：海南省昌江黎族自治县霸王岭宝
　　　　　山村

口述

我在20岁时由文身师免费文脸文身的。

四、杞方言

姓名：**黄月琼**	口述
出　　生：1948 年生于五指山市毛阳镇通连村 部　　位：脸纹 拍摄时间：2008 年 10 月 18 日中午 拍摄地点：海南省保亭黎族苗族自治县保城镇抄 　　　　　抗村委会什亲抄村	我父母均已去世，父母姓名不便提（根据黎族当地习俗，去世后的人不能再被提其姓名，否则不祥）。我家原住地五指山市毛阳镇通连村。文脸原因是小时候很多人文，父母要求我文的，说不文死后祖宗不认。于是在我 12 岁时由村里文身师免费文脸，在冬天的时候一天文完，当时没有举行任何仪式。我 17 岁结婚，与丈夫符文祥没有生育儿女，从五指山市毛阳镇通连村嫁到保亭黎族苗族自治县保城镇抄抗村委会什亲抄村。

四、杞方言

姓名：**王玉亲**

出　　生：1929年生于五指山市毛阳镇毛战
　　　　　村委会新村
部　　位：脸纹
拍摄时间：2008年10月18日中午
拍摄地点：海南省保亭黎族苗族自治县加茂镇
　　　　　界水村委会什母村

口述

我父母均已去世，父母姓名不能提（根据黎族当地习俗，去世后的人不能再被提其姓名，否则不祥）。父母原住地五指山市毛阳镇毛战村委会新村。十一二岁时妈妈亲自帮我文脸，在某个夏天的时候分两次文完，无任何仪式。结婚时间已经忘了，与丈夫王仁香生1男2女，从五指山市毛阳镇毛战村委会新村嫁到毛阳镇尖坡村，后迁到保亭县加茂镇界水村委会什母村。

四、杞方言

赛方言区

主要分布在保亭东南部地区的加茂镇、六弓乡、保城镇，陵水西部的祖关、群英、田仔等地，少量杂居在三亚市藤桥镇、儋州市兰洋镇等地。

赛方言的纹式

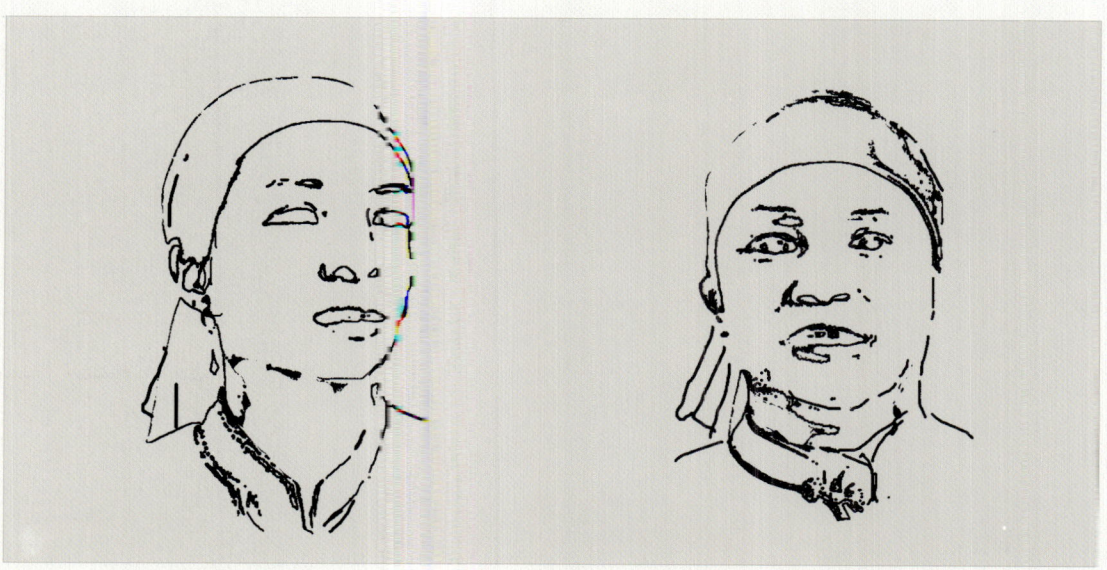

赛方言妇女面部纹样

赛方言亦称"台"或"加茂"方言。"台"是"赛"的音变,"加茂"是地名。赛方言语音和词汇跟其他方言差别较大。赛方言区主要分布在保亭南部地区的加茂镇、六弓乡、保城镇,陵水西部的祖关、群英、田仔等地。

赛方言的文身

已经绝迹……

田野调查
札记

黎族文身调查拍摄札记

张 杰 张昌赋

黎族文身,一幅记载在黎族女子身上的历史画卷。如今,这幅历史画卷,历经数千年,濒临消逝。黎族文身入选第一批省级非物质文化遗产名录,受到国家和政府部门的重视。面对濒临绝迹的黎族文身,最好的保护办法之一就是如实进行记录。完整、真实地记录下这些用血肉彩绘的黎族老人身上的斑斓图画,就是对黎族文化的一大保护。

文身在黎族历史上,作为一种传统自汉代有文字记载开始就已有了。悠悠几千年,它成为一种罕见的文化现象,较好地体现了黎族文化的凝聚力、号召力和生命力。如今,时过境迁,随着价值观等方面的日益变迁,黎族妇女已不再沿袭文身的习俗。黎族文身,所存者为数日少。今天,我们能看到的,大多已是六旬以上的黎族老年妇女,她们身上保留着的文身历史印痕,在不久的将来,或许将会成为"绝迹"。这些以黎族妇女的身体为载体的斑斓图画,曾经为黎族历史增添了璀璨的色彩,但是,随着这些黎族妇女生命的消逝,它们将面临消失。

怀着一种敬畏,也怀着一种记载数千年黎族传统文化的原始冲动,受保护黎族文化历史使命感的驱使,自2007年开始,在周伟民、唐玲玲两位老教授的指点与支持下,我们开始了漫长的黎族文身田野调查记录之路。几年来,我们根据有关史料,查阅了胡适的父亲胡传在1887年游历海南时写下的珍贵游记《游历琼州黎峒行程日记》,还参考了1931年和1932年德国人类学家史图博先后两次到海南黎族地区,徒步所做的专业性极强的人类学田野调查的史料,考察了经澄迈、临高、儋州、白沙、琼中、五指山、乐东、三亚到陵水等大部分地方,留下了生动的民情写照;特别是参考了海南大学的周伟民和唐玲玲两位老教授长期的研究成果。在前人的研究基础上,我们的足迹遍布海南岛各个市县,行程越万里。我们不仅利用摄影、文字、绘图进行记录,同时,还利用摄像视频、同期录音等多媒体手段,对黎族文身现象进行了全方位的记录,希望能尽我们的绵薄之力尽可能全面地对这种独特的文化现象进行保护与传承,更大程度搜寻与努力记载更多文身老人的信息。

三年多来,我们通过各种途径获取黎族文身老人的相关信息,在各方面领导与朋友的支持帮助下,翻山越岭,跋山涉水,见证了数百位以自我身体承载黎族文身历史的老人们的当下生活,在翻译的帮助下,听她们讲述那段属于她们自己的历史故事。如今,眼前的一张张老人的图片,一帧帧画面,一声声述说……都让我们倍感欣慰,心存感激。拍摄过程中,我们的所见所闻,所经所历,犹在眼前。

作者张杰与黎族文身老人在一起

（一）纹样清晰的润方言区

润方言，又称为本地方言，主要分布在海南岛南渡江源头白沙黎族自治县境内。润方言区的老人，文身的图案相当清晰，而且图案非常丰富。可如今，润方言区的文身老人数量日益减少，这让我们感到时间紧迫，也下定决心努力做好每个老人文身图案的调查记录工作，并记载好老人们所处的生存环境。

2008年10月9日，我们来到白沙黎族自治县牙叉镇白沙村委会什坡阶村。

从县城到什坡阶村，2公里的泥巴路，泥泞不堪，有好几次不得不下车来推车前行。而收获总在付出后。该村一位88岁高龄的符彩莲老阿婆让我们见识了润方言文身图案的丰富。经过翻译交流，符阿婆同意我们的拍摄要求，进屋里脱掉衣服，完整记录她的身体纹样。

屋里极其阴暗，阿婆的小孙女便主动拉来灯管为我们取光照明。为了更清晰地配合我们记录好她身上的所有纹线，符阿婆脱掉上衣，将裤子撩至大腿，她身上的文身图案在白炽灯的照明下，清晰可见，丰富多样。借助着茅草屋里龟裂的黄泥墙为背景，我们激动地记录着。这就是黎族文身文化的典型载体，这是一种历史的真实之美，当这样的一种美展示在我们镜头里的时候，我们觉得自己的行动是有价值的！

结束符阿婆的拍摄，在老人家的大庭院里，夕阳下，符阿婆的家人与我们闲聊。对于符阿婆的文身，他们很是尊重，对于我们的工作，也表示支持。只是谈到自己会不会延续这样一种文身习俗时，包括老人的孙女在内的年轻姑娘纷纷摇头："我们要是像阿婆那样文身，就找不到工作，更嫁不出去了，哈哈。"这就是社会的变迁，在调查中，不少文身老人表示她们当初文身的原因之一便是为了好嫁人，而如今，不文身的原因之一竟也是为了好嫁人。想法都很朴实，但是价值观早已不同。

之后，连续下了好几天的大雨，糟糕的天气并没能阻挡我们的拍摄计划。或家境较好，或生活贫困，或表情愉快，或面带忧虑……不同的人生经历，不同的文身老人，以她们的生活场景为背景，我们记录着每一位文身老人的不同生活境遇。

10月13日，在白沙县城附近的牙炳一队，一位名叫符亚仁的老人让我们印象深刻，她是一位1972年就入了党的中国共产党党员，还是村里的前任妇女主任。躺在床上养病的符亚仁老人，身体虚

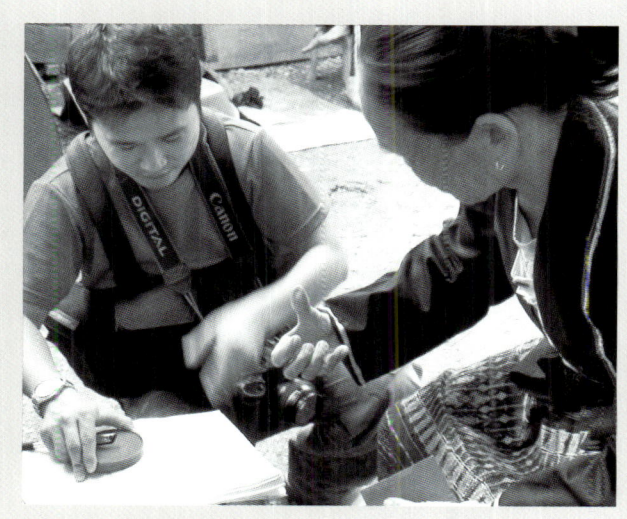

弱,家境贫寒。经过与她及其家人的耐心沟通,他们一致同意接受我们的调查与拍摄。一位手握着党员证的老党员,一位文身的黎族老人,一位久卧病床的阿婆,一个光线昏暗的老屋破床……这些元素的结合,真的是让我们舍不得放弃记录的场面。这些,都是极具时代特征的元素,最真实自然的纪实场面。而10月14日,在县城附近的于利村,符小女老人的家庭经济条件则显得好了很多,老人身体健康,满脸富态,住在小洋楼里,冰箱电视沙发等城里人使用的家电几乎一应俱全,老人还保存着最传统的黎族筒裙。能够保存传统筒裙的黎族人,往往是家境不错的,因为现在有些企业在黎族地区大量收购黎锦筒裙,使不少黎族家庭将这些他们隆重节日才舍得穿的民族传统礼服出售。我们在给符小女阿婆拍摄的时候,她的女儿正在旁边做面膜。可见,城市生活已经慢慢进入了黎族地区,小小的黎村都在发生着变化。

随着社会经济生活水平的不断提高,像符小女这样,一些承载着黎族文身历史的老人,赶上了高速发展的现代社会,个人的生活条件日益改善。在我们的拍摄中,一些文身老人不仅会用手机,使用电视、冰箱,有些家境好的,还早早告别了茅草屋,住上了小洋楼,家里的儿女也添上了小轿车。通过新建的水泥村道,她们的儿女会将车子直接开到家门口,给她们带回城里好吃的东西,并带她们外出游玩。这样的场景,总会让我们为之欢欣,为之祝福。

而作为村里的五保户,牙利村80岁的符亚妮老人,让我们感动而难忘。据村长介绍,80岁的符亚妮老人是位五保户,老人17岁结婚,而丈夫符元佑参军上了前线,在他们结婚一年后便去世了,他们没有生育子女。多年来,符亚妮老人一直是一个人孤苦生活,生活条件非常差。如今,老人住在离村子1公里左右的村外的老平房里,房子本是部队留下的旧房子。几经周折,在村长的带领下,我们终于找到了老人居住的地方,一个杂草丛生、破旧不堪的茅草屋,那是何等让人惊叹的一个地方,如果不是村长带路,我们根本不知道里面会住着人,而且是这样一位孤苦的老人!

天一直在淅沥沥地下着小雨,路泥泞难行。符亚妮阿婆住的地方在正在修建的马路旁边,房子比路低矮一米,由于正在修路,挖的黄土泥泞,顺着雨水往阿婆居住的低矮的平房里流。

进得屋子,阿婆正坐在小厨房里。一束光从碗口大的小破窗户投射进来,给了这个阴暗的地方一些希望。阿婆正蹲坐在几块砖头垒成的灶前。由于光线实在微弱,我们让她将煤油灯点着取光,得知阿

婆煤油快没有了,我们心存不忍。但阿婆知道我们需要这样的光线后,还是毫不犹豫将煤油灯点亮,我们很是感动,迅速抓拍。微弱的火在静悄悄地燃着,干空的罐边,是个不知道多少天没有洗过的饭碗,只有一个粘手的汤匙;四周黑黑的一片,在破烂的窗口有束淡淡的逆光,让人好久才能看见里面破旧的东西,似乎这里是另外的一个世界,外面的一切,都与这里的世界间隔了好几十年!拍摄的过程中,我们注意到,阿婆左右的无名指上依旧带着结婚戒指,我们不了解阿婆跟丈夫的爱情,但是这么多年,老人一直单身生活,一直坚守着自己的感情……在这样恶劣的生活环境里,老人依旧能面带笑容地对待我们这样的不速之客,依旧很细心地帮我们捡起丢落的笔筒,在我们再访时交给我们;而我们临别的时候,她总是挣扎着站在泥滑的斜坡上,站在雨里向车上的我们挥手送别……这一切,让我们内心深深地感动!

同样的文身,不同的老人,相同的时代,各异的遭遇……这一切,都是当代黎族文身老人的别样记录,正是这样的不同,这样的差异,才是栩栩如生的社会写实,在变革的社会里,每个个体的遭遇往往大相径庭。我们喜欢这样的大相径庭,因为这才是最真实的史料,真实的才是有魅力的。

(二) 图案丰富的美孚方言区

美孚方言区主要分布在海南岛昌化江中游和下游的东方和昌江两市县境内。2008年10月15日开始,在东方市江边乡,我们对美孚方言区的黎族文身老人进行了田野调查。

东方市江边乡的白查、俄查等几个黎族村庄,都是黎族文化保护比较完整的原始村庄。在村里,文身老人身影轻易可见,人数比较集中。这令我们很是激动。但是,很快,现实便打击了我们。村里老人开口就索要高价拍摄费用,让我们难以接受,情况远远超出预期。

后来,几经当地干部沟通,我们才得以开始拍摄。在村子的一个简陋小卖部,外面坐着几位年长妇女,我们注意到,她们脸上都有文身,而且美孚方言区的文身,都很明显,美孚方言的文身图案很是丰富,尤其脖子上的图案,很讲究,点线结合,脚上的图案也是多姿多样。但是,不管是怎么样的图案,左右对称,纹样精致。

我们最先拍摄的是一位叫符亚芬的70岁妇女。据说，"亚芬"在当地表示孤儿的意思，而我们拍摄的过程中，"亚芬"的名字，以及"色开"的名字都很多。经过村长的协调，符亚芬老人与后面的几位文身老人，都相当配合我们的拍摄。所以，在田野调查过程中，当地村干部的作用是相当大的，只有取得村干部的帮忙，我们这些外来人的工作才能顺利开展。在村里，说科研、调查、保护、传承文化这样的大道理，往往是没有说服力的，甚至很多时候不如村干部的只言片语来得实在。

其实，拍摄对象太多的时候，我们往往难以顾全，影像也难以拍得精致，这是一个矛盾的地方，质与量很多时候是个矛盾体。但是，我们又不能忽略了量的积累。在白查村，文身老人不少，我们需要按部就班地将每个老人的肖像及手到文身部位的特写拍好，然后尽量将她周围的生活环境和人物关系表现出来。

有一天的拍摄，86岁的符亚玉老人让我们印象深刻。我们找到她的时候，在阴暗的茅草屋里，老人奄奄一息，看不到老人的脸，似乎是身体不舒服，老人在床上呻吟着。直到她儿子来喊叫，她才探起了头，我们经她儿子允许，蹲进屋子拍摄，老人将红头巾裹在头上，身着红色外衣，慢慢起了身子，儿子则用木棍戳着老人，说是老人耳朵不好，用棍子她才能意识到。唉，看着儿子这样的叫喊方式，我们有些不忍。

老人慢慢挪动身子，捂着肚子走出茅草屋，庭院里摆着成排的水缸，不知道是否缺水的缘故，老人家里摆了这么多的大小水缸。老人捂着肚子，带着呻吟，挪到茅草屋外的三米处，在水缸边坐了下来，我们迅速抓拍。不忍看老人过于难受的表情，我们向她儿子表示，让老人进屋休息。老人踉跄几步，进了屋，在门口的低矮木凳上，就地坐下。头无力地放在膝盖上，面无表情地看着地上，简陋的茅草屋成了她身后的背景。这些画面都极其珍贵，我们没有停止拍摄记录。尽管不能拍摄到老人的全身文身特写，但是她脸上的文身符号，加上她的真实状态，足以说明一切。10月17日，天气晴好。作为目前海南保持最完整的村子之一，白查村的茅草屋一切如旧，而省里正在给整个村子进行民房安置，搬迁势在必行，没有人居住的茅草屋，破坏消失也极有可能，我们趁着上午的好光线，几经攀爬，才登上村子对面的陡峭山顶，将该村的村貌完整拍摄记录下来了。而下山后，我们又进村拍了一些船形屋、茅草屋等黎族人生活环境的画面，这样的记录，也是黎族文身田野调查里不可缺少的一部分。

（三）人数众多的哈方言区

哈方言区在黎族五大方言中人口最多，分布最广，而哈方言区的文身老人也为数众多。2008年9月底，我们走进了黎族哈方言区的乐东黎族自治县，县里有关部门为我们提供了当地黎族文身老人调查数据表，该表格显示全县有810名文身老人，为数不少。

在这里，我们不用费太多寻索，便能找到文身老人，可是，哈方言区大部分老人的文身图案都不是特别清晰。在抱由村委会的多建村的村口酸豆树下，我们经当地干部帮忙，加上当天农闲，村里文身老人奔走相告，老人们陆陆续续到来。我们从早上一直拍摄到下午三四点，连中午饭都顾不上吃。看到这么多文身的老人，我们心情激动，顾不许多，一边忙着拍摄，一边忙着登记，大部分老人的文身图案不是很清晰，我们尽量选择特写进行记载。每位接受拍摄的老人，在同意使用照片的登记表上按上她们的手印，我们便提供相应的报酬。

在酸豆树下，老人们有些抱着孩子，有些拄着拐棍，有些蹲坐在拖拉机上，有些在交谈……这些是自然的场景。于是，在给前面老人拍摄肖像的同时，我们还要不时转身，将这些很自然的场景进行记录。而每张登记表要和影像对应上，这是不能出错的，我们选择的做法是，每给一位老人拍摄完肖像后，要将登记表格拍摄在肖像照片之后，晚上回去再将表格内容利用电脑软件写到照片简介里去，这样，每张照片附带着照片相关的信息，就不会出现肖像对不上资料的情况了，这个给我们后来整理照片的时候带来了极大的便利。

10月3日，在抱由村委会的光明村，新盖不久的文化室外的草地开阔，我们不仅拍摄到了大量文身老人坐在一起闲聊的生活场景，还能对每一位老人进行了全面的记录，从摄影，到文字、绘画、摄像、录音等。而83岁的符亚琪老人更是在调查的时候，主动告诉我们，她肚子上也有纹样，这是很有价值的，应该拍摄记录下来。为了体现尊重，我们选择在无人的地方，让符亚琪老人撩起衣服，将肚子、胸部等处的文身慢慢展示，并迅速为她拍好照片，留存史料。得知我们的拍摄是为黎族文化做史料纪实，符亚琪阿婆配合得很好，拍摄得很是愉快，让我们心存感激。

当天，我们陆续拍了几十位文身阿婆，在这个村里，由于是同一个方言，文身的图案样式大同小异，

有些甚至不怎么清晰，但是我们依然不错过对任何一位文身老人的记录，因为史料越丰富，实证性就越强，我们的工作是有必要有价值的。

（四）分布广泛的杞方言区

黎族杞方言区主要分布在五指山腹地周边地区的五指山、琼中、保亭等市县。在昌江、乐东、东方、三亚、万宁等市县的部分地区也有分布。几年期间，我们不仅在保亭、五指山、琼中，而且在昌江等市县都拍摄到了杞方言区的文身老人，但是数量稀少。

2008年10月19日，在保亭黎族苗族自治县保城镇抄抗村委会仁亲抄村，我们的拍摄对象是79岁的王玉亲老人，这是一个十分幸福的家庭，子孙满堂，邻里和睦，老人是从五指山移民到保亭来的，得知我们的拍摄计划和要求，她很是热情，在儿媳们的帮忙下，很快换上黎族筒裙服装。在房间里，我们以自然光进行拍摄。因为杞方言人数不多，能拍到一两个代表人物，很不容易，我们很珍惜这个拍摄的机会，片子拍了不少。不仅拍摄了老人的肖像特写，还特意给她和家人子孙拍了大合影。跟我们答应过的其他老人一样，回到海口，我们会将这些照片打印出来，给她们一一寄回，留作纪念。

而在2010年6月30日，我们翻越过素有"海南小西藏"之称的霸王岭，来到昌江黎族自治县王下乡洪水村委会洪水村，这里是杞方言区保存最原始的村庄之一。该村的茅草屋保存完整，人们依旧生活在其间，坐着牛皮板凳，用着独木器，编制着各种篓筐，讲着他们的方言……只不过，在村子旁边，政府的民房改造政策，已经让这一切面临着改变。

在洪水村，得知我们的调查拍摄计划后，一位小伙子好心带领我们见到了他的奶奶。当小伙子打开那不足八平方米大的茅草屋的时候，我们被震撼了。这是一位刚好一百岁的文身老人，杞方言的文身图案在她的脸上和手脚上，清晰可见。当我们打开门的时候，这位百岁老人正躺在一张破旧的竹床上，她大小便已经失禁，屋里地上潮湿肮脏，但是子孙们的照料，让她的屋子里并没有出现屎尿。她面前的一张凳子上放着一个不锈钢大碗，里面是她吃剩下的饭菜，床的旁边，子女们专门为她钉了一根杯口粗的木棍，方便她扶着起身。见到我们的到来，老人赶紧抓着木棍努力起身，用力瞬间，表情痛苦。在得知我们的拍摄和调查要求后，老人抓来床上的一块破旧毯子，将裸露的屁股遮盖，头发凌乱，表情惊愕。她的孙子在用黎族话跟她交流，两个光着身子的曾孙子曾孙女在门口张望，不敢入内。支好三角架，我们通过她孙子的翻译，耐心与老人交流。老人名叫韩白金（又名陈亚祝），生于1910年，在10多岁的时候由村里的文身师文身，小时候由于怕死后祖宗不认，于是遵循习俗，进行文身。交流之后，我们的尊重举动，也让老人不再顾虑，坐累了，老人轻轻卧身躺下……这些，我们都如实记录，不做改变。尊重黎族文身老人生存的真实现状，是我们拍摄的初衷。

没多久，韩白金老人的儿媳妇韩白见与丈夫务农回来，她就住在百岁老人的隔壁，方便照顾她的婆婆。经过交流，韩白见老人也接受了我们的拍摄要求，并与她的丈夫，也就是百岁老人韩白金的儿子，两夫妻在一起，在家门口配合我们拍摄，并进行了登记。临别，两人还挽留我们吃饭饮酒，由于村里还有其他几位文身老人需要拍摄，我们婉拒了，但是她们的理解与热情让我们心存感激。

（五）文身消失的赛方言区

赛方言的文身，在我们开始田野调查的准备阶段，就很遗憾地得知，它已经消失多年，其踪难觅。多次寻找其史料研究，仍无答案，十分遗憾，这更加强化了我们对黎族文身现象调查拍摄工作的紧迫感与使命感。

尽管赛方言文身现象已经消失，但是赛方言的部分生活习惯依然存在，譬如她们的织锦，以及酿酒、对歌，等等，这些我们也都有意记录保存。

自2008年开始，至今三年，我们坚持着，我们积累着，希望尽自己的微薄力量，换取他日的硕果。这个硕果属于每一位经历苦难而以身体承载着海南黎族文身历史的老人及其家人，属于关心海南黎族文化并为之努力的每一个人！

几年来，我们环行海南岛各市县，遍访几十个黎族村寨，记录过数百位文身老人，个中艰辛，自

不必说。而我们更希望表达的，是对每一位在此过程中，尽心帮助过我们的好心人的感激之情。

多年来，得益于周伟民、唐玲玲两位老教授的指导与帮助，我们不断加深对黎族文化的了解，也促使我们有了这几年对黎族文身课题的坚持与努力。这对誉满学术界的伉俪学者，一直以来都是让我们这些后辈高山仰止的精神榜样。他们八旬高龄，依然倾心于黎族文化的研究，为了黎族文身文化研究，他们自掏腰包，自出经费；为了真实记录，他们不辞疲惫劳苦，攀山入寨，废寝忘食，进行田野调查，并时时对我们加以指点，让我们在调查中少走弯路。两位老教授，让我们心存感恩。

沿途万里，我们势单力薄，而正是得到了诸如高泽强、吴小苑、黄泰、李之龙、刘芳颖、陈厚志、符健友、洪海新、王启敏、张茂、李寻生等人的大力帮助，并得到每个拍摄点的当地干部及群众的支持，才让我们得以顺利地开展工作，记录到更多有价值的黎族文身史料。在此，向每一位帮助过我们的人致以诚挚谢意！

这本书，是我们对过去几年黎族文身田野调查的一个小结，也是一个新的开始。这个工作，对于我们来说，只有开始，没有结束；只有坚持，没有退却！

图书在版编目（CIP）数据

绣面与雕身：黎族文身文化研究/张杰，张昌赋著.—上海：上海大学出版社，2012.1
（黎族研究大系/孙绍先主编；I）
ISBN 978-7-81118-672-7
I.①绣… II.①张…②张… III.①黎族—文身—图集 IV.①K892.381-64
中国版本图书馆 CIP 数据核字（2010）第 194447 号

黎族研究大系丛书
绣面与雕身：黎族文身文化研究

作　　者：张　杰　　张昌赋
策　　划：姚铁军　　焦贵平

责任编辑：焦贵平
整体设计：袁银昌
印前制作：上海袁银昌平面有限公司　胡　斌
责任校对：农雪玲
技术编辑：金　鑫　　章　斐

上海大学出版社出版发行
地　　址：上海市上大路 99 号
邮政编码：200444
网　　址：www.shangdapress.com
发行热线：66135112
出 版 人：郭纯生
上海界龙艺术印刷有限公司印刷　各地新华书店经销
开　　本：889×1194　1/16
印　　张：13.5
字　　数：270 千
2012 年 1 月第 1 版　2012 年 1 月第 1 次印刷
ISBN 978-7-81118-672-7 / K·084
定　　价：390.00 元